HISTOIRE
DE
LA RÉVOLUTION
FRANÇAISE.

TOME II.

TYPOGRAPHIE DE FIRMIN DIDOT FRÈRES,
RUE JACOB, N° 24.

HISTOIRE
DE
LA RÉVOLUTION
FRANÇAISE,

PAR M. A. THIERS,

DE L'ACADÉMIE FRANÇAISE, MINISTRE ET DÉPUTÉ.

TOME DEUXIÈME.

Quatrième Édition.

PARIS,
CHEZ LECOINTE, ÉDITEUR,
QUAI DES AUGUSTINS, N° 49.

M DCCC XXXIV.

HISTOIRE
DE
LA RÉVOLUTION
FRANÇAISE.

CHAPITRE PREMIER.

Jugement sur l'assemblée constituante. — Ouverture de la seconde assemblée nationale, dite *assemblée législative*; sa composition. — État des clubs; leurs membres influents. — Pétion, maire de Paris. — Politique des puissances. — Émigration; décrets contre les émigrés et contre les prêtres non assermentés. — Modifications dans le ministère. — Préparatifs de guerre; état des armées.

L'ASSEMBLÉE constituante venait de terminer sa longue et laborieuse carrière; et, malgré son noble courage, sa parfaite équité, ses immenses travaux, elle était haïe comme révolutionnaire à Coblentz, et comme aristocrate à Paris. Pour bien juger cette mémorable assemblée, où la réunion des lumières fut si grande et si variée, les résolutions si hardies et si persévérantes, et où, pour la première fois peut-être, on vit tous les hommes éclairés d'une nation, réunis avec la volonté et le pouvoir de réaliser les vœux de la philosophie, il faut considérer l'état dans lequel elle avait trouvé la France, et celui dans lequel elle la laissait.

En 1789, la nation française sentait et connaissait tous ses maux, mais elle ne concevait pas la possibilité de les guérir. Tout-à-coup, sur la demande imprévue des parlements, les états-généraux sont convoqués; l'assemblée constituante se forme, et arrive en présence du trône, enorgueilli de son ancienne puissance, et disposé tout au plus à souffrir quelques doléances. Alors elle se pénètre de ses droits, se dit qu'elle est la nation, et ose le déclarer au gouvernement étonné. Menacée par l'aristocratie, par la cour et par une armée, ne prévoyant pas encore les soulèvements populaires, elle se déclare inviolable, et défend au pouvoir de toucher à elle; convaincue de ses droits, elle s'adressait à des ennemis qui n'étaient pas convaincus des leurs, et elle l'emporte, par une simple expression de sa volonté, sur une puissance de plusieurs siècles et sur une armée de trente mille hommes. C'est là toute la révolution; c'en est le premier acte et le plus noble; il est juste, il est héroïque, car jamais une nation n'a agi avec plus de droit et de danger.

Le pouvoir vaincu, il fallait le reconstituer d'une manière juste et convenable. Mais à l'aspect de cette échelle sociale au sommet de laquelle tout surabonde, puissance, honneurs, fortune, tandis qu'au bas tout manque jusqu'au pain indispensable à la vie, l'assemblée constituante éprouve dans ses pensées une réaction violente, et veut tout niveler. Elle décide donc que la masse des citoyens complétement égalisée exprimera ses volontés, et que le roi demeurera chargé seulement de leur exécution.

Son erreur ici n'est point d'avoir réduit la royauté à une simple magistrature; car le roi avait encore assez d'autorité pour maintenir les lois, et plus que n'en ont les magistrats dans les républiques; mais c'est d'avoir cru qu'un roi, avec le souvenir de ce qu'il avait été, pût se résigner; et qu'un peuple qui se réveillait à peine, et qui venait de recouvrer une partie de la puissance publique, ne voulût pas la conquérir tout entière. L'histoire prouve en effet qu'il faut diviser infiniment les magistratures, ou que, si on établit un chef unique, il faut le doter si bien qu'il n'ait pas envie d'usurper.

Quand les nations, presque exclusivement occupées de leurs intérêts privés, sentent le besoin de se décharger sur un chef des soins du gouvernement, elles font bien de s'en donner un; mais il faut alors que ce chef, égal des rois anglais, pouvant convoquer et dissoudre les assemblées nationales, n'ayant point à recevoir leurs volontés, ne les sanctionnant que lorsqu'elles lui conviennent, et empêché seulement de trop mal faire, ait réellement la plus grande partie de la souveraineté. La dignité de l'homme peut encore se conserver sous un gouvernement pareil, lorsque la loi est rigoureusement observée, lorsque chaque citoyen sent tout ce qu'il vaut, et sait que ces pouvoirs si grands, laissés au prince, ne lui ont été abandonnés que comme une concession à la faiblesse humaine.

Mais ce n'est pas à l'instant où une nation vient tout-à-coup de se rappeler ses droits, qu'elle peut consentir à se donner un rôle secondaire, et à remettre volontairement la toute-puissance à un chef, pour que l'envie ne lui vienne pas de l'usurper. L'assemblée constituante n'était pas plus capable que la nation elle-même de faire une pareille abdication. Elle réduisit donc la royauté à une simple magistrature héréditaire, espérant que le roi se contenterait de cette magistrature, toute brillante encore d'honneurs, de richesses et de puissance; et que le peuple la lui laisserait.

Mais que l'assemblée l'espérât ou non, pouvait-elle, dans ce doute, trancher la question? pouvait-elle supprimer le roi, ou bien lui donner toute la puissance que l'Angleterre accorde à ses monarques?

D'abord, elle ne pouvait pas déposer Louis XVI; car, s'il est toujours permis de mettre la justice dans un gouvernement, il ne l'est pas d'en changer la forme, quand la justice s'y trouve, et de convertir tout-à-coup une monarchie en république. D'ailleurs la possession est respectable; et si l'assemblée eût dépouillé la dynastie, que n'eussent pas dit ses ennemis, qui l'accusaient de violer la propriété parce qu'elle attaquait les droits féodaux?

D'un autre côté, elle ne pouvait accorder au roi le *veto* absolu, la nomination des juges, et autres prérogatives semblables, parce que l'opinion publique s'y opposait, et que cette opinion faisant sa seule force, elle était obligée de s'y soumettre.

Quant à l'établissement d'une seule chambre, son erreur a été plus réelle peut-être, mais tout aussi inévitable. S'il était dangereux de ne laisser que le souvenir du pouvoir à un roi qui l'avait eu tout entier, et en présence d'un peuple qui voulait en envahir jusqu'au dernier reste, il était bien plus faux en principe de ne pas reconnaître les inégalités et les gradations sociales, lorsque les républiques elles-mêmes les admettent, et que chez toutes on trouve un sénat, ou héréditaire, ou électif. Mais il ne faut exiger des hommes et des esprits que ce qu'ils peuvent à chaque époque. Comment, au milieu d'une révolte contre l'injustice des rangs, reconnaître leur nécessité? Comment constituer l'aristocratie au moment de la guerre contre l'aristocratie? Constituer la royauté eût été plus facile, parce que, placée loin du peuple, elle avait été moins oppressive, et parce que d'ailleurs elle remplit des fonctions qui semblent plus nécessaires.

Mais, je le répète, ces erreurs n'eussent-elles pas dominé dans l'assemblée, elles étaient dans la nation, et la suite des événements prouvera que si on avait laissé au roi et à l'aristocratie tous les pouvoirs qu'on leur ôta, la révolution n'en aurait pas moins eu lieu jusque dans ses derniers excès.

Il faut, pour s'en convaincre, distinguer les révolutions qui éclatent chez les peuples longtemps soumis, de celles qui arrivent chez les peuples libres, c'est-à-dire en possession d'une certaine activité politique. A Rome, à Athènes et ailleurs, on voit les nations et leurs chefs se disputer le plus ou le moins d'autorité. Chez les peuples modernes entièrement dépouillés, la marche est différente. Complétement asservis, ils dorment long-temps. Le réveil a lieu d'abord dans les classes les plus éclairées, qui se soulèvent et recouvrent une partie du pouvoir. Le réveil est successif, l'ambition l'est aussi, et gagne jusqu'aux dernières classes, et la masse entière se trouve ainsi en mouvement. Bientôt, satisfaites de ce qu'elles ont obtenu, les classes éclairées veulent s'arrêter, mais elles ne le peuvent plus, et sont incessamment foulées par celles qui les suivent. Celles qui s'arrêtent, fussent-elles les avant-dernières, sont pour les dernières une aristocratie, et, dans cette lutte des classes se roulant les unes sur les autres, le simple bourgeois finit par être appelé aristocrate par le manouvrier, et poursuivi comme tel.

L'assemblée constituante nous présente cette génération qui s'éclaire et réclame la première contre le pouvoir encore tout-puissant : assez sage pour voir ce que l'on doit à ceux qui avaient tout et à ceux qui n'avaient rien, elle veut laisser aux premiers une partie de ce qu'ils possèdent, parce qu'ils l'ont toujours possédé, et procurer surtout aux seconds les lumières et les droits qu'on acquiert par elles. Mais le regret est chez les uns, l'ambition chez les autres; le regret veut tout recouvrer, l'ambition tout conquérir, et une guerre d'extermination s'engage. Les constituants sont donc ces premiers hommes de bien, qui, secouant l'esclavage, tentent un ordre juste, l'essaient sans effroi, accomplissent même cette immense tâche, mais succombent en voulant engager les uns à céder quelque chose, les autres à ne pas tout désirer.

L'assemblée constituante, dans sa répartition équitable, avait ménagé les anciens possesseurs. Louis XVI, avec le titre de roi des Français, trente millions de revenus, le commandement des armées, et le droit de suspendre les volontés nationales, avait encore d'assez belles prérogatives. Le souvenir seul du pouvoir absolu peut l'excuser de ne pas s'être résigné à ce reste si brillant de puissance.

Le clergé, dépouillé des biens immenses qu'il avait reçus jadis, à condition de secourir les pauvres qu'il ne secourait pas, d'entretenir le culte dont il laissait le soin à des curés indigents, le clergé n'était plus un ordre politique ; mais ses dignités ecclésiastiques étaient conservées, ses dogmes respectés, ses richesses scandaleuses changées en un revenu suffisant, et on peut même dire abondant, car il permettait encore un assez grand luxe épiscopal. La noblesse n'était plus un ordre, elle n'avait plus les droits exclusifs de chasse, et autres pareils; elle n'était plus exempte d'impôts ; mais pouvait-elle faire de ces choses l'objet d'un regret raisonnable? Ses immenses propriétés lui étaient laissées. Au lieu de la faveur de la cour, elle avait la certitude des succès accordés au mérite. Elle avait la faculté d'être élue par le peuple, et de le représenter dans l'état, pour peu qu'elle voulût se montrer bienveillante et résignée. La robe et l'épée étaient assurées à ses talents; pourquoi une généreuse émulation ne venait-elle pas l'animer tout-à-coup? Quel aveu d'incapacité ne faisait-elle point en regrettant les faveurs d'autrefois?

On avait ménagé les anciens pensionnaires, dédommagé les ecclésiastiques, traité chacun avec égard ; le sort que l'assemblée constituante avait fait à tous, était-il donc si insupportable?

La constitution étant achevée, aucune espérance ne restait au roi de recouvrer, par des délibérations, les prérogatives qu'il regrettait. Il n'avait plus qu'une chose à faire, c'était de se résigner, et d'observer la constitution, à moins qu'il ne comptât sur les puissances étrangères; mais il espérait très-peu de leur zèle, et se défiait de l'émigration. Il se décida donc pour le premier parti, et ce qui prouve sa sincérité, c'est qu'il voulait franchement exprimer à l'assemblée les défauts qu'il trouvait à la constitution. Mais on l'en détourna, et il se résolut à attendre du temps les restitutions de pouvoir qu'il croyait lui être dues. La reine n'était pas moins résignée. « Courage, dit-elle au ministre Bertrand qui se présenta à elle, tout n'est pas encore perdu. Le roi veut s'en tenir à la constitution, ce système est certainement le meilleur. » Et il est permis de croire que, si elle avait eu d'autres pensées à exprimer, elle n'eût pas hésité en présence de Bertrand de Molleville*.

L'ancienne assemblée venait de se séparer; ses membres étaient retournés au sein de leurs familles, ou s'étaient répandus dans Paris. Quelques-uns des plus marquants, tels que Lameth, Duport, Barnave, communiquaient avec la

* Voyez la note 1 à la fin du volume.

cour, et lui donnaient leurs conseils. Mais le roi, tout décidé qu'il était à observer la constitution, ne pouvait se résigner à suivre les avis qu'il recevait, car on ne lui recommandait pas seulement de ne pas violer cette constitution, mais de faire croire par tous ses actes qu'il y était sincèrement attaché. Ces membres de l'ancienne assemblée, réunis à Lafayette depuis la révision, étaient les chefs de cette génération révolutionnaire, qui avait donné les premières règles de liberté, et voulait qu'on s'y tînt. Ils étaient soutenus par la garde nationale, que de longs services, sous Lafayette, avaient entièrement attachée à ce général et à ses principes. Les constituants eurent alors un tort, celui de dédaigner la nouvelle assemblée, et de l'irriter souvent par leur mépris. Une espèce de vanité aristocratique s'était déjà emparée de ces premiers législateurs, et il semblait que toute science législative avait disparu après eux.

La nouvelle assemblée était composée de diverses classes d'hommes. On y comptait des partisans éclairés de la première révolution, Ramond, Girardin, Vaublanc, Dumas et autres, qui se nommèrent les constitutionnels, et occupèrent le côté droit, où ne se trouvait plus un seul des anciens privilégiés. Ainsi, par la marche naturelle et progressive de la révolution, le côté gauche de la première assemblée devait devenir le côté droit de la seconde. Après les constitutionnels, on y trouvait beaucoup d'hommes distingués, dont la révolution avait enflammé la tête et exagéré les désirs. Témoins des travaux de la constituante, et impatients comme ceux qui regardent faire, ils avaient trouvé qu'on n'avait pas encore assez fait; ils n'osaient pas s'avouer républicains, parce que, de toutes parts, on se recommandait d'être fidèle à la constitution; mais l'essai de république qu'on avait fait pendant le voyage de Louis XVI, les intentions suspectes de la cour, ramenaient sans cesse leurs esprits à cette idée; et l'état d'hostilité continuelle dans lequel ils se trouvaient vis-à-vis du gouvernement, devait les y attacher chaque jour davantage.

Dans cette nouvelle génération de talents, on remarquait principalement les députés de la Gironde, d'où le parti entier, quoique formé par des hommes de tous les départements, se nomma *Girondin*. Condorcet, écrivain connu par une grande étendue d'idées, par une extrême rigueur d'esprit et de caractère, en était l'écrivain; et Vergniaud, improvisateur pur et entraînant, en était l'orateur. Ce parti, grossi sans cesse de tout ce qui désespérait de la cour, ne voulait pas la république qui lui échut en 1793; il la rêvait avec tous ses prestiges, avec ses vertus et ses mœurs sévères. L'enthousiasme et la véhémence devaient être ses principaux caractères.

Il devait aussi avoir ses extrêmes : c'étaient Bazire, Chabot, Merlin de Thionville et autres; inférieurs par le talent, ils surpassaient les autres Girondins par l'audace; ils devinrent le parti de la Montagne, lorsque après le renversement du trône, ils se séparèrent de la Gironde. Cette seconde assemblée avait enfin, comme la première, une masse moyenne, qui, sans engagement pris, votait tantôt avec les uns, tantôt avec les autres. Sous la constituante, lorsqu'une liberté réelle régnait encore, cette masse était restée indépendante; mais comme elle ne l'était point par énergie, mais par indifférence, dans les assemblées postérieures où régna la violence, elle devint lâche et méprisable, et reçut le nom trivial et honteux de *ventre*.

Les clubs acquirent à cette époque une plus grande importance. Agitateurs sous la constituante, ils devinrent dominateurs sous la législative. L'assemblée nationale ne pouvant contenir toutes les ambitions, elles se réfugiaient dans les clubs, où elles trouvaient une tribune et des orages. C'était là que se rendait tout ce qui voulait parler, s'agiter, s'émouvoir, c'est-à-dire la nation presque entière. Le peuple courait à ce spectacle nouveau; il occupait les tribunes de toutes les assemblées, et y trouvait, dès ce temps même, un emploi lucratif, car on commençait à payer les applaudissements. Le ministre Bertrand avoue les avoir payés lui-même.

Le plus ancien des clubs, celui des Jacobins, avait déjà une influence extraordinaire. Une église suffisait à peine à la foule de ses membres et de ses auditeurs. Un immense amphithéâtre s'élevait en forme de cirque, et occupait toute la grande nef de l'église des Jacobins. Un bureau se trouvait au centre; un président et des secrétaires l'occupaient. On y recueillait les voix; on y constatait les délibérations sur un registre. Une correspondance active entretenait le zèle des sociétés répandues sur la surface entière de la France; on les nommait sociétés affiliées. Ce club, par son ancienneté et une violence soutenue, l'avait constamment emporté sur tous ceux qui avaient voulu se montrer plus modérés ou même plus véhéments. Les Lameth, avec tout ce qu'il renfermait d'hommes distingués, l'avaient abandonné après le voyage de Varennes, et s'étaient transportés aux Feuillants. C'était dans ce dernier que se trouvaient confondus tous les essais de clubs modérés, essais qui n'avaient jamais réussi parce qu'ils allaient contre le besoin même qui faisait courir aux clubs, celui de l'agitation. C'est aux Feuillants que se réunissaient alors les constitutionnels, ou partisans de la première révolution. Aussi le nom de Feuillant devint-il un titre de proscription, lorsque celui de modéré en fut un.

Un autre club, celui des Cordeliers, avait voulu rivaliser de violence avec les Jacobins. Camille Desmoulins en était l'écrivain, et Danton le chef. Ce dernier n'ayant pas réussi au barreau, s'était fait adorer de la multitude qu'il touchait vivement par ses formes athlétiques, sa voix sonore, et ses passions toutes populaires. Les Cordeliers n'avaient pu, même avec de l'exagération, l'emporter sur leurs rivaux, chez lesquels l'habitude entretenait une immense affluence; mais ils étaient en même temps presque tous du club jacobin, et, lorsqu'il le fallait, ils s'y rendaient à la suite de Danton pour déterminer la majorité en sa faveur.

Robespierre, qu'on a vu pendant l'assemblée constituante se distinguer par le rigorisme de ses principes, était exclu de l'assemblée législative par le décret de non-réélection qu'il avait lui-même contribué à faire rendre. Il s'était retranché aux Jacobins, où il dominait sans partage, par le dogmatisme de ses opinions, et par une réputation d'intégrité qui lui avait valu le nom d'incorruptible. Saisi d'effroi, comme on l'a vu, au moment de la révision, il s'était rassuré depuis, et il continuait l'œuvre de sa popularité. Robespierre avait trouvé deux rivaux qu'il commençait à haïr, c'étaient Brissot et Louvet. Brissot, mêlé à tous les hommes de la première assemblée, ami de Mirabeau et de Lafayette, connu pour républicain, et l'un des membres les plus distingués de la législative, était léger de caractère, mais remarquable par certaines qualités d'esprit. Louvet, avec une ame chaude, beaucoup d'esprit et une grande audace, était du nombre de ceux qui, ayant dépassé la constituante, rêvaient la république : il se trouvait par là naturellement jeté vers les Girondins. Bientôt ses luttes avec Robespierre le leur attachèrent davantage. Ce parti de la Gironde, formé peu à peu, sans intention, par des hommes qui avaient trop de mérite pour s'allier à la populace, assez d'éclat pour être enviés par elle et par ses chefs, et qui étaient plutôt unis par leur situation que par un concert, ce parti dut être brillant mais faible, et périr devant les factions plus réelles qui s'élevaient autour de lui.

Tel était donc l'état de la France : les anciens privilégiés étaient retirés au-delà du Rhin ; les partisans de la constitution occupaient la droite de l'assemblée, la garde nationale, et le club des Feuillants ; les Girondins avaient la majorité dans l'assemblée, mais non dans les clubs, où la basse violence l'emportait ; enfin les exagérés de cette nouvelle époque, placés sur les bancs les plus élevés de l'assemblée, et à cause de cela nommés *la Montagne*, étaient tout-puissants dans les clubs et sur la populace.

Lafayette ayant déposé tout grade militaire, avait été accompagné dans ses terres par les hommages et les regrets de ses compagnons d'armes. Le commandement n'avait pas été délégué à un nouveau général, mais six chefs de légions commandaient alternativement la garde nationale tout entière. Bailly, le fidèle allié de Lafayette pendant ces trois années si pénibles, quitta aussi la mairie. Les voix des électeurs se partagèrent entre Lafayette et Pétion ; mais la cour, qui ne voulait à aucun prix de Lafayette, dont cependant les dispositions lui étaient favorables, préféra Pétion, quoiqu'il fût républicain. Elle espéra davantage d'une espèce de froideur qu'elle prenait pour de la stupidité, mais qui n'en était pas, et elle dépensa beaucoup pour lui assurer la majorité. Il l'obtint en effet, et fut nommé maire*. Pétion, avec un esprit éclairé, une conviction froide mais solide, avec assez d'adresse, servit constamment les républicains contre la cour, et se trouva lié à la Gironde par la conformité des vues, et par l'envie que sa nouvelle dignité excita chez les Jacobins.

Cependant si, malgré ces dispositions des partis, on avait pu compter sur le roi, il est possible que les méfiances des Girondins se fussent calmées, et que, le prétexte des troubles n'existant plus, les agitateurs n'eussent trouvé désormais aucun moyen d'ameuter la populace.

Les intentions du roi étaient formées; mais, grace à sa faiblesse, elles n'étaient jamais irrévocables. Il fallait qu'il les prouvât avant qu'on y crût; et, en attendant la preuve, il était exposé à plus d'un outrage. Son caractère, quoique bon, n'était pas sans une certaine disposition à l'humeur; ses résolutions devaient donc être facilement ébranlées par les pre-

---

* 17 novembre.

mières fautes de l'assemblée. Elle se forma
elle-même, et prêta serment avec pompe sur
le livre de la constitution. Son premier décret,
relatif au cérémonial, abolit les titres de *sire*
et de *majesté* donnés ordinairement au roi.
Elle ordonna de plus qu'en paraissant dans
l'assemblée, il serait assis sur un fauteuil absolument semblable à celui du président *.
C'étaient là les premiers effets de l'esprit républicain; et la fierté de Louis XVI en fut cruellement blessée. Pour se soustraire à ce qu'il
regardait comme une humiliation, il résolut
de ne pas se montrer à l'assemblée et d'envoyer
ses ministres ouvrir la session législative. L'assemblée, se repentant de cette première hostilité, révoqua son décret le lendemain, et
donna ainsi un rare exemple de retour. Le roi
s'y rendit alors et fut parfaitement accueilli.
Malheureusement on avait décrété que les
députés, si le roi restait assis, pourraient également s'asseoir; c'est ce qu'ils firent, et
Louis XVI y vit une nouvelle insulte. Les applaudissements dont il fut couvert ne purent
guérir sa blessure. Il rentra pâle et les traits
altérés. A peine fut-il seul avec la reine, qu'il
se jeta sur un siège en sanglotant. « Ah!

* Décret du 5 octobre.

madame, s'écria-t-il, vous avez été témoin de cette humiliation! Quoi! venir en France pour voir.... » La reine s'efforça de le consoler, mais son cœur était profondément blessé, et ses bonnes intentions durent en être ébranlées[*].

Cependant si dès lors il ne songea plus qu'à recourir aux étrangers, les dispositions des puissances durent lui donner peu d'espoir. La déclaration de Pilnitz était demeurée sans effet, soit par défaut de zèle de la part des souverains, soit aussi à cause du danger que Louis XVI aurait couru, étant depuis le retour de Varennes prisonnier de l'assemblée constituante. L'acceptation de la constitution était un nouveau motif d'attendre les résultats de l'expérience, avant d'agir. C'était l'avis de Léopold et du ministre Kaunitz. Aussi lorsque Louis XVI eut notifié à toutes les cours qu'il acceptait la constitution, et que son intention était de l'observer fidèlement, l'Autriche donna une réponse très-pacifique; la Prusse et l'Angleterre firent de même, et protestèrent de leurs intentions amicales. Il est à observer que les puissances voisines agissaient avec plus de réserve que les puissances éloignées, telles que la Suède et la Russie, parce qu'elles étaient

---

[*] Voyez Mme Campan, tome II, p. 129.

plus immédiatement compromises dans la guerre. Gustave, qui rêvait une entreprise brillante sur la France, répondit à la notification, qu'il ne regardait pas le roi comme libre. La Russie différa de s'expliquer. La Hollande, les principautés italiennes, mais surtout la Suisse, firent des réponses satisfaisantes. Les électeurs de Trèves et de Mayence, dans les territoires desquels se trouvaient les émigrés, employèrent des expressions évasives. L'Espagne, assiégée par les émissaires de Coblentz, ne se prononça pas davantage, et prétendit qu'elle désirait du temps pour s'assurer de la liberté du roi; mais elle assura néanmoins qu'elle n'entendait pas troubler la tranquillité du royaume.

De telles réponses, dont aucune n'était hostile, la neutralité assurée de l'Angleterre, l'incertitude de Frédéric-Guillaume, les dispositions pacifiques et bien connues de Léopold, tout faisait prévoir la paix. Il est difficile de savoir ce qui se passait dans l'ame vacillante de Louis XVI, mais son intérêt évident, et les craintes mêmes que la guerre lui inspira plus tard, doivent porter à croire qu'il désirait aussi la conservation de la paix. Au milieu de ce concert général, les émigrés seuls s'obstinèrent à vouloir la guerre et à la préparer.

Ils se rendaient toujours en foule à Coblentz; ils y armaient avec activité, préparaient des magasins, passaient des marchés pour les fournitures, formaient des cadres qui à la vérité ne se remplissaient pas, car aucun d'eux ne voulait se faire soldat; ils instituaient des grades, qui se vendaient; et, s'ils ne tentaient rien de véritablement dangereux, ils faisaient néanmoins de grands préparatifs, qu'eux-mêmes croyaient redoutables, et dont l'imagination populaire devait s'effrayer.

La grande question était de savoir si Louis XVI les favorisait ou non; et il était difficile de croire qu'il ne fût pas très-bien disposé en faveur de parents et de serviteurs qui s'armaient pour lui rendre ses anciens pouvoirs. Il ne fallait pas moins que la plus grande sincérité et de continuelles démonstrations pour persuader le contraire. Les lettres du roi aux émigrés portaient l'invitation et même l'ordre de rentrer; mais il avait, dit-on*, une correspondance secrète qui démentait sa correspondance publique et en détruisait l'effet. On ne peut sans doute contester les communications secrètes avec Coblentz, mais je ne crois pas que Louis XVI s'en soit servi pour contredire les injonctions

* Voyez la note 1 à la fin du volume.

qu'il avait publiquement adressées aux émigrés. Son intérêt le plus évident voulait qu'ils rentrassent. Leur présence à Coblentz ne pouvait être utile qu'autant qu'ils avaient le projet de combattre; or Louis XVI redoutait la guerre civile par-dessus tout. Ne voulant donc pas employer leur épée sur le Rhin, il valait mieux qu'il les eût auprès de lui, afin de s'en servir au besoin, et de réunir leurs efforts à ceux des constitutionnels pour protéger sa personne et son trône. En outre, leur présence à Coblentz provoquait des lois sévères qu'il ne voulait pas sanctionner; son refus de sanction le compromettait avec l'assemblée, et on verra que c'est l'usage qu'il fit du *veto*, qui le dépopularisa complétement en le faisant regarder comme complice des émigrés. Il serait étrange qu'il n'eût pas aperçu la justesse de ces raisons, que tous les ministres avaient sentie. Ceux-ci pensaient unanimement que les émigrés devaient retourner auprès de la personne du roi pour la défendre, pour faire cesser les alarmes et ôter tout prétexte aux agitateurs. C'était même l'opinion de Bertrand de Molleville, dont les principes n'étaient rien moins que constitutionnels. « Il fallait, dit-il, employer
« tous les moyens possibles d'augmenter la po-
« pularité du roi. Le plus efficace et le plus

« utile de tous, dans ce moment, était de rap-
« peler les émigrés. Leur retour généralement
« désiré aurait fait revivre en France le parti
« royaliste que l'émigration avait entièrement
« désorganisé. Ce parti fortifié par le discrédit
« de l'assemblée, et recruté par les nombreux
« déserteurs du parti constitutionnel, et par
« tous les mécontents, serait bientôt devenu
« assez puissant pour rendre décisive en faveur
« du roi l'explosion plus ou moins prochaine à
« laquelle il fallait s'attendre. » (*Tome VI, p.* 42.)

Louis XVI, se conformant à cet avis des ministres, adressa des exhortations aux principaux chefs de l'armée et aux officiers de marine pour leur rappeler leur devoir, et les retenir à leur poste. Cependant ses exhortations furent inutiles, et la désertion continua sans interruption. Le ministre de la guerre vint annoncer que dix-neuf cents officiers avaient déserté. L'assemblée ne put se modérer, et résolut de prendre des mesures vigoureuses. La constituante s'était bornée, en dernier lieu, à prononcer la destitution des fonctionnaires publics qui étaient hors du royaume, et à frapper les biens des émigrés d'une triple contribution, pour dédommager l'état des services dont ils le privaient par leur absence. L'assemblée nouvelle proposa des peines plus sévères.

Divers projets furent présentés. Brissot distingua trois classes d'émigrés : les chefs de la désertion, les fonctionnaires publics qui abandonnaient leurs fonctions, et enfin, ceux qui par crainte avaient fui le sol de leur patrie. Il fallait, disait-il, sévir contre les premiers, mépriser et plaindre les autres.

Il est certain que la liberté de l'homme ne permet pas qu'on l'enchaîne au sol; mais, lorsque la certitude est acquise par une foule de circonstances, que les citoyens qui abandonnent leur patrie vont se réunir au dehors pour lui déclarer la guerre, il est permis de prendre des précautions contre des projets aussi dangereux.

La discussion fut longue et opiniâtre. Les constitutionnels s'opposaient à toutes les mesures proposées, et soutenaient qu'il fallait mépriser d'inutiles tentatives, comme avaient toujours fait leurs prédécesseurs. Cependant le parti opposé l'emporta, et un premier décret fut rendu, qui enjoignit à Monsieur, frère du roi, de rentrer sous deux mois, faute de quoi il perdrait son droit éventuel à la régence. Un second décret plus sévère fut porté contre les émigrés en général; il déclarait que les Français rassemblés au-delà des frontières du royaume seraient suspects de conjuration contre la France; que si, au premier janvier prochain ils étaient encore en état de rassemblement, ils seraient déclarés coupables de conjuration, poursuivis comme tels, et punis de mort; et que les revenus des contumaces seraient pendant leur vie perçus au profit de la nation, sans préjudice des droits des femmes, enfants et créanciers légitimes *.

L'action d'émigrer n'étant pas répréhensible en elle-même, il est difficile de caractériser le cas où elle le devient. Ce que pouvait faire la loi, c'était d'avertir d'avance qu'on allait devenir coupable à telle condition; et tous ceux qui ne voulaient pas l'être n'avaient qu'à obéir. Ceux qui, avertis du terme auquel l'absence du royaume devenait un crime, ne rentraient pas, consentaient par cela même à passer pour criminels. Ceux qui, sans motifs de guerre ou de politique, étaient hors du royaume, devaient se hâter de revenir; c'est en effet un sacrifice assez léger à la sûreté d'un état, que d'abréger un voyage de plaisir ou d'intérêt.

Louis XVI, afin de satisfaire l'assemblée et l'opinion publique, consentit au décret qui ordonnait à Monsieur de rentrer, sous peine de perdre son droit à la régence, mais il ap-

---

* Décrets du 28 octobre et du 9 novembre.

posa son *veto* sur la loi contre les émigrés. Les ministres furent chargés de se rendre tous ensemble à l'assemblée, pour y annoncer les volontés du roi *. Ils lurent d'abord divers décrets auxquels la sanction était donnée. Quand arriva celui des émigrés, un silence profond se fit dans l'assemblée; et lorsque le garde-des-sceaux prononça la formule officielle, *le roi examinera*, un grand mécontentement se manifesta de tous côtés. Il voulut développer les formes du *veto*; mais une foule de voix s'élevèrent, et dirent au ministre que la constitution accordait au roi le droit de faire opposition, mais non celui de la motiver. Le ministre fut donc obligé de se retirer en laissant après lui une profonde irritation. Cette première résistance du roi à l'assemblée fut une rupture définitive; et quoiqu'il eût sanctionné le décret qui privait son frère de la régence, on ne put s'empêcher de voir dans son refus au second décret une marque d'affection pour les insurgés de Coblentz. On se rappela qu'il était leur parent, leur ami, et en quelque sorte leur co-intéressé; et on en conclut qu'il lui était impossible de ne pas faire cause commune avec eux contre la nation.

* Séance du 12 novembre.

Dès le lendemain, Louis XVI fit publier une proclamation aux émigrés, et deux lettres particulières à chacun de ses frères. Les raisons qu'il leur présentait aux uns et aux autres étaient excellentes, et paraissaient données de bonne foi. Il les engageait à faire cesser, par leur retour, les méfiances que les malveillants se plaisaient à répandre; il les priait de ne pas le réduire à employer contre eux des mesures sévères; et quant à son défaut de liberté, sur lequel on s'appuyait pour ne pas lui obéir, il leur donnait pour preuve du contraire le *veto* qu'il venait d'apposer en leur faveur *. Quoi qu'il en soit, ces raisons ne produisirent ni à Coblentz ni à Paris l'effet qu'elles étaient ou paraissaient destinées à produire. Les émigrés ne rentrèrent pas; et dans l'assemblée on trouva le ton de la proclamation trop doux; on contesta même au pouvoir exécutif le droit d'en faire une. On était en effet trop irrité pour se contenter d'une proclamation, et surtout pour souffrir que le roi substituât une mesure inutile aux mesures vigoureuses qu'on venait de prendre.

Une autre épreuve du même genre était au même instant imposée à Louis XVI, et amenait un résultat aussi malheureux. Les premiers

* Voyez la note 3 à la fin du volume.

troubles religieux avaient éclaté dans l'Ouest ; l'assemblée constituante y avait envoyé deux commissaires, dont l'un était Gensonné, si célèbre plus tard dans le parti de la Gironde. Leur rapport avait été fait à l'assemblée législative, et, quoique très-modéré, ce rapport l'avait remplie d'indignation. On se souvient que l'assemblée constituante, en privant de leurs fonctions les prêtres qui refusaient de prêter le serment, leur avait cependant laissé une pension et la liberté d'exercer leur culte à part. Ils n'avaient cessé depuis lors d'exciter le peuple contre leurs confrères assermentés, de les lui montrer comme des impies dont le ministère était nul et dangereux. Ils traînaient les paysans à leur suite à de longues distances pour leur dire la messe. Ceux-ci s'irritaient de voir leur église occupée par un culte qu'ils croyaient mauvais, et d'être obligés d'aller chercher si loin celui qu'ils croyaient bon. Souvent ils s'en prenaient aux prêtres assermentés et à leurs partisans. La guerre civile était imminente*. De nouveaux renseignements furent fournis par l'assemblée, et lui montrèrent le danger encore plus grand. Elle voulut alors prendre contre ces nouveaux ennemis de la

* Voyez la note 4 à la fin du volume.

constitution des mesures semblables à celles qu'elle avait prises contre les ennemis armés d'outre-Rhin, et faire un nouvel essai des dispositions du roi.

L'assemblée constituante avait ordonné à tous les prêtres le serment civique. Ceux qui refusaient de le prêter, en perdant la qualité de ministres du culte public et payé par l'état, conservaient leurs pensions de simples ecclésiastiques, et la liberté d'exercer privément leur ministère. Rien n'était plus doux et plus modéré qu'une répression pareille. L'assemblée législative exigea de nouveau le serment, et priva ceux qui le refuseraient de tout traitement. Comme ils abusaient de leur liberté en excitant la guerre civile, elle ordonna que, selon leur conduite, ils seraient transportés d'un lieu dans un autre, et même condamnés à une détention s'ils refusaient d'obéir. Enfin elle leur défendit le libre exercice de leur culte particulier, et voulut que les corps administratifs lui fissent parvenir une liste avec des notes sur le compte de chacun d'eux *.

Cette mesure, ainsi que celle qui venait d'être prise contre les émigrés, tenait à la crainte qui s'empare des gouvernements menacés, et qui

---

* Décret du 29 novembre.

les porte à s'entourer de précautions excessives. Ce n'est plus le fait réalisé qu'ils punissent, c'est l'attaque présumée qu'ils poursuivent; et leurs mesures deviennent souvent arbitraires et cruelles comme le soupçon.

Les évêques et les prêtres qui étaient demeurés à Paris et avaient conservé des relations avec le roi, lui adressèrent aussitôt un mémoire contre le décret. Déjà plein de scrupules, le roi qui s'était reproché toujours d'avoir sanctionné le décret de la constituante, n'avait pas besoin d'encouragement pour refuser sa sanction. « Pour celui-ci, dit-il en parlant du nouveau projet, on m'ôtera plutôt la vie que de m'obliger à le sanctionner. » Les ministres partageaient à peu près cet avis. Barnave et Lameth, que le roi consultait quelquefois, lui conseillèrent de refuser sa sanction; mais à ce conseil ils en ajoutaient d'autres que le roi ne pouvait se décider à suivre : c'était, en s'opposant au décret, de ne laisser aucun doute sur ses dispositions, et, pour cela, d'éloigner de sa personne tous les prêtres qui refusaient le serment, et de ne composer sa chapelle que d'ecclésiastiques constitutionnels. Mais, de tous les avis qu'on lui donnait, le roi n'adoptait que la partie qui concordait avec sa faiblesse ou sa dévotion. Duport-Dutertre, garde-des-sceaux et organe des constitutionnels dans le ministère, y fit approuver leur avis; et lorsque le conseil eut délibéré, à la grande satisfaction de Louis XVI, que le *veto* serait apposé, il ajouta comme avis, qu'il serait convenable d'entourer la personne du roi de prêtres non suspects. A cette proposition, Louis XVI, ordinairement si flexible, montra une invincible opiniâtreté, et dit que la liberté des cultes, décrétée pour tout le monde, devait l'être pour lui comme pour ses sujets, et qu'il devait avoir la liberté de s'entourer des prêtres qui lui convenaient. On n'insista pas; et, sans en donner connaissance encore à l'assemblée, le *veto* fut décidé.

Le parti constitutionnel, auquel le roi semblait se livrer en ce moment, lui prêta un nouveau secours; ce fut celui du directoire du département. Ce directoire était composé des membres les plus considérés de l'assemblée constituante; on y trouvait le duc de Larochefoucault, l'évêque d'Autun, Baumetz, Desmeuniers, Ansons, etc. Il fit une pétition au roi, non comme corps administratif, mais comme réunion de pétitionnaires, et provoqua l'apposition du *veto* au décret contre les prêtres.

« L'assemblée nationale, disait la pétition, a certainement voulu le bien; nous aimons à la venger ici de ses coupables détracteurs; mais un si louable dessein l'a poussée vers des mesures que la constitution, que la justice, que la prudence, ne sauraient admettre..... Elle fait dépendre, pour tous les ecclésiastiques non fonctionnaires, le paiement de leurs pensions de la prestation du serment civique, tandis que la constitution a mis expressément et littéralement ces pensions au rang des dettes nationales. Or, le refus de prêter un serment quelconque peut-il détruire le titre d'une créance reconnue? L'assemblée constituante a fait ce qu'elle pouvait faire à l'égard des prêtres non assermentés; ils ont refusé le serment prescrit, et elle les a privés de leurs fonctions; en les dépossédant, elle les a réduits à une pension..... L'assemblée législative veut que les ecclésiastiques qui n'ont point prêté le serment, ou qui l'ont rétracté, puissent, dans les troubles religieux, être éloignés provisoirement, et emprisonnés s'ils n'obéissent à l'ordre qui leur sera intimé. N'est-ce pas renouveler le système des ordres arbitraires, puisqu'il serait permis de punir de l'exil, et bientôt après de la prison, celui qui ne serait pas encore convaincu d'être réfractaire à aucune loi?.... L'assemblée nationale refuse à tous ceux qui ne prêteraient pas le serment civique la libre profession de leur culte..... Or, cette liberté ne peut être ravie à personne; elle est consacrée à jamais dans la déclaration des droits...... »

Ces raisons étaient sans doute excellentes, mais on n'apaise avec des raisonnements ni les ressentiments ni les craintes des partis. Comment persuader à une assemblée qu'on devait permettre à des prêtres obstinés d'exciter le trouble et la guerre civile? Le directoire fut injurié, et sa pétition au roi fut combattue par une foule d'autres adressées au corps législatif. Camille Desmoulins en présenta une très-hardie à la tête d'une section. On pouvait y remarquer déjà la violence croissante du langage, et l'abjuration de toutes les convenances observées jusque-là envers les autorités et le roi. Desmoulins disait à l'assemblée qu'il fallait un grand exemple.....; que le directoire devait être mis en état d'accusation....; que c'étaient les chefs qu'il fallait poursuivre....; qu'on devait frapper à la tête, et se servir de la foudre contre les conspirateurs....; que la puissance du *veto* royal avait un terme; et qu'on n'empêchait pas avec un *veto* la prise de la Bastille.....

Louis XVI, décidé à refuser sa sanction, différait cependant de l'annoncer à l'assemblée. Il voulait d'abord par quelques actes se concilier l'opinion. Il prit ses ministres dans le parti constitutionnel. Montmorin, fatigué de sa laborieuse carrière sous la constituante, et de ses pénibles négociations avec tous les partis, n'avait pas voulu braver les orages d'une nouvelle législature, et s'était retiré malgré les instances du roi. Le ministère des affaires étrangères, refusé par divers personnages, fut accepté par Delessart, qui quitta celui de l'intérieur. Delessart, intègre et éclairé, était sous l'influence des constitutionnels ou feuillants ; mais il était trop faible pour fixer la volonté du roi, pour imposer aux puissances étrangères et aux factions intérieures. Cahier de Gerville, patriote prononcé, mais plus roide qu'entraînant, fut placé à l'intérieur pour satisfaire encore l'opinion publique. Narbonne, jeune homme plein d'activité et d'ardeur, constitutionnel zélé, et habile à se populariser, fut porté à l'administration de la guerre par le parti qui composait alors le ministère. Il aurait pu avoir une influence utile sur le conseil, et rattacher l'assemblée au roi s'il n'avait eu pour adversaire Bertrand de Molleville, ministre contre-révolutionnaire, et préféré par la cour à tous les autres. Bertrand de Molleville, détestant la constitution, s'enveloppait avec art dans le texte pour en attaquer l'esprit, et voulait franchement que le roi essayât de l'exécuter, « mais afin, disait-il, qu'elle fût démontrée inexécutable. » Le roi ne pouvait pas se résoudre à le renvoyer, et c'est avec ce ministère mêlé qu'il essaya de poursuivre sa route. Après avoir tenté de plaire à l'opinion par ses choix, il essaya d'autres moyens pour se l'attacher encore davantage, et il parut se prêter à toutes les mesures diplomatiques et militaires proposées contre les rassemblements formés sur le Rhin.

Les dernières lois répressives avaient été empêchées par le *veto*, et cependant tous les jours de nouvelles dénonciations apprenaient à l'assemblée les préparatifs et les menaces des émigrés. Les procès-verbaux des municipalités et des départements voisins de la frontière, les rapports des commerçants venant d'outre-Rhin, attestaient que le vicomte de Mirabeau, frère du célèbre constituant, était à la tête de six cents hommes dans l'évêché de Strasbourg; que, dans le territoire de l'électeur de Mayence et près de Worms, se trouvaient des corps nombreux de transfuges, sous les ordres du prince de Condé; qu'il en était de même à Coblentz et dans tout l'électorat de Trèves; que des excès et des violences avaient été commis sur des Français, et qu'enfin la proposition avait été faite au général Wimpfen de livrer Neuf-Brisach. Ces rapports, ajoutés à tout ce qu'on savait déjà par la notoriété publique, poussèrent l'assemblée au dernier degré d'irritation. Un projet de décret fut aussitôt proposé, pour exiger des électeurs le désarmement des émigrés. On renvoya la décision à deux jours pour qu'elle ne parût pas trop précipitée. Ce délai expiré, la délibération fut ouverte.

Le député Isnard prit le premier la parole : il fit sentir la nécessité d'assurer la tranquillité du royaume, non pas d'une manière passagère, mais durable; d'en imposer par des mesures promptes et vigoureuses, qui attestassent à l'Europe entière les résolutions patriotiques de la France. « Ne craignez pas, disait-il, de provoquer contre vous la guerre des grandes puissances; l'intérêt a déjà décidé de leurs intentions, vos mesures ne les changeront pas, mais les obligeront à s'expliquer.... Il faut que la conduite du Français réponde à sa nouvelle destinée. Esclave sous Louis XIV, il fut néanmoins intrépide et grand; aujourd'hui libre, serait-il faible et timide? On se trompe, dit Montesquieu, si l'on croit qu'un peuple en révolution est disposé à être conquis; il est prêt au contraire à conquérir les autres. (*Applaudissements.*)

« On vous propose des capitulations ! On veut augmenter la prérogative royale, augmenter le pouvoir du roi, d'un homme dont la volonté peut paralyser celle de toute la nation, d'un homme qui reçoit trente millions, tandis que des milliers de citoyens meurent dans la détresse ! (*Nouveaux applaudissements.*) On veut ramener la noblesse ! Dussent tous les nobles de la terre nous assaillir, les Français tenant d'une main leur or, et de l'autre leur fer, combattront cette race orgueilleuse, et la forceront d'endurer le supplice de l'égalité.

« Parlez aux ministres, au roi et à l'Europe, le langage qui convient aux représentants de la France. Dites aux ministres que jusqu'ici vous n'êtes pas très-satisfaits de leur conduite, et que par la responsabilité vous entendez la mort. (*Applaudissements prolongés.*) Dites à l'Europe que vous respecterez les constitutions de tous les empires, mais que, si on suscite une guerre des rois contre la France, vous susciterez une guerre des peuples contre les rois ! » Les applaudissements se renouvelant encore, « Respectez, s'écrie l'orateur, respectez mon enthousiasme, c'est celui de la liberté ! Dites, ajoute-t-il, que les combats que se livrent les peuples par ordre des despotes, ressemblent aux coups que deux amis, excités par un instigateur perfide, se portent dans l'obscurité! Si le jour vient à paraître, ils s'embrassent et se vengent de celui qui les trompait. De même si, au moment que les armées ennemies lutteront avec les nôtres, la philosophie frappe leurs yeux, les peuples s'embrasseront à la face des tyrans détrônés, de la terre consolée, et du ciel satisfait! * »

L'enthousiasme excité par ces paroles fut tel qu'on se pressait autour de l'orateur pour l'embrasser. Le décret qu'il appuyait fut adopté sur-le-champ. M. de Vaublanc fut chargé de le porter au roi, à la tête d'une députation de vingt-quatre membres. Par ce décret l'assemblée déclarait qu'elle regardait comme indispensable de requérir les électeurs de Trèves, Mayence, et autres princes de l'empire, de mettre fin aux rassemblements formés sur la frontière. Elle suppliait en même temps le roi de hâter les négociations entamées pour les indemnités dues aux princes possessionnés en Alsace.

M. de Vaublanc accompagna ce décret d'un discours ferme et respectueux, fort applaudi par l'assemblée. « Sire, disait-il, si les Français chassés de leur patrie par la révocation de

* Séance du 29 novembre.

l'édit de Nantes s'étaient rassemblés en armes sur les frontières, s'ils avaient été protégés par des princes d'Allemagne, sire, nous vous le demandons, quelle eût été la conduite de Louis XIV? Eût-il souffert ces rassemblements? Ce qu'il eût fait pour son autorité, que Votre Majesté le fasse pour le maintien de la constitution! »

Louis XVI, décidé, comme nous l'avons dit, à corriger l'effet du *veto* par des actes qui plussent à l'opinion, résolut de se rendre à l'assemblée, et de répondre lui-même à son message par un discours capable de la satisfaire.

Le 14 décembre, au soir, le roi s'y rendit après s'être annoncé le matin par un simple billet. Il fut reçu dans un profond silence. Il dit que le message de l'assemblée méritait une grande considération, et que, dans une circonstance où était compromis l'honneur français, il croyait devoir se présenter lui-même; que, partageant les intentions de l'assemblée, mais redoutant le fléau de la guerre, il avait essayé de ramener des Français égarés; que les insinuations amicales ayant été inutiles, il avait prévenu le message des représentants, et avait signifié aux électeurs que, si avant le 15 janvier, tout attroupement n'avait pas cessé, ils seraient considérés comme ennemis de la France; qu'il avait écrit à l'empereur pour réclamer son intervention en qualité de chef de l'empire, et que dans le cas où satisfaction ne serait pas obtenue, il proposerait la guerre. Il finissait en disant qu'on chercherait vainement à environner de dégoûts l'exercice de son autorité, qu'il garderait fidèlement le dépôt de la constitution, et qu'il sentait profondément combien c'était beau d'être roi d'un peuple libre.

Les applaudissements succédèrent au silence, et dédommagèrent le roi de l'accueil qu'il avait reçu en entrant. L'assemblée ayant décrété le matin qu'il lui serait répondu par un message, ne put lui exprimer sur-le-champ sa satisfaction, mais elle décida que son discours serait envoyé aux quatre-vingt-trois départements. Narbonne entra aussitôt après, pour faire connaître les moyens qui avaient été pris pour assurer l'effet des injonctions adressées à l'empire. Cent cinquante mille hommes devaient être réunis sur le Rhin, et ce n'était pas impossible, ajoutait-il. Trois généraux étaient nommés pour les commander, Luckner, Rochambeau et Lafayette. Les applaudissements couvrirent le dernier nom. Narbonne ajoutait qu'il allait partir pour visiter les frontières, s'assurer de l'état des places fortes, et donner la plus grande activité aux travaux de défense; que sans doute l'assemblée accorderait les fonds nécessaires, et ne marchanderait pas la liberté. «Non, non,» s'écria-t-on de toutes parts. Enfin il demanda si l'assemblée, malgré que le nombre légal des maréchaux fût complet, ne permettrait pas au roi de conférer ce grade aux deux généraux Luckner et Rochambeau, chargés de sauver la liberté. Des acclamations témoignèrent le consentement de l'assemblée, et la satisfaction que lui causait l'activité du jeune ministre. C'est par une conduite pareille que Louis XVI serait parvenu à se populariser, et à se concilier les républicains, qui ne voulaient de la république que parce qu'ils croyaient un roi incapable d'aimer et de défendre la liberté.

On profita de la satisfaction produite par ces mesures, pour signifier le *veto* apposé sur le décret contre les prêtres. Le matin on eut soin de publier dans les journaux la destitution des anciens agents diplomatiques accusés d'aristocratie, et la nomination des nouveaux. Grace à ces précautions le message fut accueilli sans murmure. Déja l'assemblée s'y attendait, et la sensation ne fut pas aussi fâcheuse qu'on aurait pu le craindre. On voit quels ménagements infinis le roi était obligé de garder pour faire usage de sa prérogative, et quel danger il y avait pour lui à l'employer. Quand même l'assemblée constituante, qu'on a accusée de l'avoir perdu en le dépouillant, lui eût accordé le *veto* absolu, en eût-il été plus puissant pour cela? Le *veto* suspensif ne faisait-il pas ici tout l'effet du *veto* absolu? Était-ce la puissance légale qui manquait au roi ou la puissance d'opinion? On le voit par le résultat même; ce n'est pas le défaut de prérogatives suffisantes qui a perdu Louis XVI, mais l'usage inconsidéré de celles qui lui restaient...

L'activité promise à l'assemblée ne se ralentit pas; les propositions pour les dépenses de guerre, pour la nomination des deux maréchaux Luckner et Rochambeau, se succédèrent sans interruption. Lafayette, arraché à la retraite où il était allé se délasser de trois années de fatigues, se présenta à l'assemblée où il fut parfaitement accueilli. Des bataillons de la garde nationale l'accompagnèrent à sa sortie de Paris; et tout lui prouva que le nom de Lafayette n'était pas oublié, et qu'on le regardait encore comme un des fondateurs de la liberté.

Cependant Léopold, naturellement pacifique, ne voulait pas la guerre, car il savait qu'elle ne convenait pas à ses intérêts, mais il désirait un congrès soutenu d'une force imposante pour amener un accommodement et quelques modifications dans la constitution. Les émigrés ne voulaient pas la modifier, mais la détruire; plus sage et mieux instruit, l'empereur savait qu'il fallait accorder beaucoup aux opinions nouvelles, et que ce qu'on pouvait désirer c'était tout au plus de rendre au roi quelques prérogatives, et de revenir sur la composition du corps législatif, en établissant deux chambres au lieu d'une *. C'est surtout ce dernier projet qu'on redoutait le plus et qu'on reprochait souvent au parti feuillant et constitutionnel. Il est certain que, si ce parti avait, dans les premiers temps de la constituante, repoussé la chambre haute, parce qu'il craignait avec raison de voir la noblesse s'y retrancher, ses craintes aujourd'hui n'étaient plus les mêmes; il avait au contraire la juste espérance de la remplir presqu'à lui seul. Beaucoup de constituants, replongés dans une nullité complète, y auraient trouvé une occasion de rentrer sur la scène politique. Si donc cette chambre haute n'était pas dans leurs vues, elle était du moins dans leurs intérêts. Il est certain que les jour-

---

* Voyez la note 5 à la fin du volume.

naux en parlaient souvent, et que ce bruit circulait partout. Combien avait été rapide la marche de la révolution! Le côté droit aujourd'hui était composé des membres de l'ancien côté gauche; et l'attentat redouté et reproché n'était plus le retour à l'ancien régime, mais l'établissement d'une chambre haute. Quelle différence avec 89! et combien une folle résistance n'avait-elle pas précipité les événements!

Léopold ne voyait donc pour Louis XVI que cette amélioration possible. En attendant, son but était de traîner les négociations en longueur, et, sans rompre avec la France, de lui imposer par de la fermeté. Mais il manqua son but par sa réponse. Cette réponse consistait à notifier les conclusions de la diète de Ratisbonne, qui refusait d'accepter aucune indemnité pour les princes possessionnés en Alsace. Rien n'était plus ridicule qu'une décision pareille, car tout le territoire compris sous une même domination doit relever des mêmes lois : si des princes de l'empire avaient des terres en France, ils devaient subir l'abolition des droits féodaux, et l'assemblée constituante avait déjà beaucoup fait en leur accordant des indemnités. Plusieurs d'entre eux ayant déjà traité à cet égard, la diète annulait leurs conventions, et leur défendait d'accepter aucun arrangement. L'empire prétendait ainsi ne pas reconnaître la révolution en ce qui le concernait. Quant à ce qui regardait les rassemblements d'émigrés, Léopold, sans s'expliquer sur leur dispersion, répondait à Louis XVI que l'électeur de Trèves, pouvant, d'après les injonctions du gouvernement français, essuyer de prochaines hostilités, il avait été ordonné au général Bender de lui porter de prompts secours.

Cette réponse ne pouvait pas être plus mal calculée; elle obligeait Louis XVI, pour ne pas se compromettre, de prendre des mesures vigoureuses, et de proposer la guerre. Delessart fut aussitôt envoyé à l'assemblée pour faire part de cette réponse, et témoigner l'étonnement que causait au roi la conduite de Léopold. Le ministre assura que probablement on avait trompé l'empereur, et qu'on lui avait faussement persuadé que l'électeur avait satisfait à tous les devoirs du bon voisinage. Delessart communiqua en outre la réplique faite à Léopold. On lui avait signifié que nonobstant sa réponse et les ordres donnés au maréchal Bender, si les électeurs n'avaient pas au terme prescrit, c'est-à-dire au 15 janvier, satisfait à la demande de la France, on emploierait contre eux la voie des armes. « Si cette déclaration, disait Louis XVI dans sa lettre du 31 décembre à l'assemblée, ne produit pas l'effet que je dois en espérer, si la destinée de la France est d'avoir à combattre ses enfants et ses alliés, je ferai connaître à l'Europe la justice de notre cause; le peuple français la soutiendra par son courage, et la nation verra que je n'ai pas d'autre intérêt que les siens, et que je regarderai toujours le maintien de sa dignité et de sa sûreté, comme le plus essentiel de mes devoirs. »

Ces paroles, où le roi semblait dans le commun danger s'unir à la nation, furent vivement applaudies. Les pièces furent livrées au comité diplomatique, pour en faire un prompt rapport à l'assemblée.

La reine fut encore applaudie une fois à l'Opéra comme dans les jours de son éclat et de sa puissance, et elle revint toute joyeuse dire à son époux qu'on l'avait accueillie comme autrefois. Mais c'étaient les derniers témoignages qu'elle recevait de ce peuple jadis idolâtre de ses graces royales. Ce sentiment d'égalité, qui demeure si long-temps étouffé chez les hommes, et qui est si fougueux lorsqu'il se réveille, se manifestait déja de toutes parts. On était à la fin de l'année 1791; l'assemblée abolit l'antique cérémonial du premier de l'an, et décida que les hommages portés au roi, dans ce jour solennel, ne le seraient plus à l'avenir.

A peu près à la même époque, une députation se plaignit de ce qu'on ne lui avait pas ouvert la porte du conseil à deux battants. La discussion fut scandaleuse, et l'assemblée, en écrivant à Louis XVI, supprima les titres de *sire* et de *majesté*. Un autre jour, un député entra chez le roi, le chapeau sur la tête et dans un costume peu convenable. Cette conduite était souvent provoquée par le mauvais accueil que les gens de la cour faisaient aux députés, et dans ces représailles, l'orgueil des uns et des autres ne voulait jamais rester en arrière.

Narbonne poursuivait sa tournée avec une rare activité. Trois armées furent établies sur la frontière menacée. Rochambeau, vieux général qui avait autrefois bien conduit la guerre, mais qui était aujourd'hui maladif, chagrin et mécontent, commandait l'armée placée en Flandre et dite du Nord. Lafayette avait l'armée du centre et campait vers Metz. Luckner, vieux guerrier, médiocre général, brave soldat, et très-popularisé dans les camps par ses mœurs toutes militaires, commandait le corps qui occupait l'Alsace. C'était là tout ce qu'une longue paix et une désertion générale nous avaient laissé de généraux.

Rochambeau, mécontent du nouveau régime, irrité de l'indiscipline qui régnait dans l'armée, se plaignait sans cesse et ne donnait aucune espérance au ministère. Lafayette, jeune, actif, jaloux de se distinguer bientôt en défendant la patrie, rétablissait la discipline dans ses troupes, et surmontait toutes les difficultés suscitées par la mauvaise volonté des officiers, qui étaient les aristocrates de l'armée. Il les avait réunis, et leur parlant le langage de l'honneur, il leur avait dit qu'ils devaient quitter le camp s'ils ne voulaient pas servir loyalement; que s'il en était qui voulussent se retirer, il se chargeait de leur procurer à tous ou des retraites en France, ou des passe-ports pour l'étranger; mais que s'ils persistaient à servir, il attendait de leur part zèle et fidélité. Il était ainsi parvenu à établir dans son armée un ordre meilleur que celui qui régnait dans toutes les autres. Quant à Luckner, dépourvu d'opinion politique et par conséquent facile pour tous les régimes, il promettait beaucoup à l'assemblée, et avait réussi en effet à s'attacher ses soldats.

Narbonne voyagea avec la plus grande célérité, et vint, le 11 janvier, rendre compte à l'assemblée de sa rapide expédition. Il annonça que la réparation des places fortes était déjà très-avancée, que l'armée, depuis Dunkerque jusqu'à Besançon, présentait une masse de deux cent quarante bataillons et cent soixante escadrons, avec l'artillerie nécessaire pour deux cent mille hommes, et des approvisionnements pour six mois. Il donna les plus grands éloges au patriotisme des gardes nationales volontaires, et assura que sous peu leur équipement allait être complet. Le jeune ministre cédait sans doute aux illusions du zèle, mais ses intentions étaient si nobles, ses travaux si prompts, que l'assemblée le couvrit d'applaudissements, offrit son rapport à la reconnaissance publique, et l'envoya à tous les départements; manière ordinaire de témoigner son estime à tout ce dont elle était satisfaite.

CHAPITRE II.

Division des partis sur la question de la guerre. — Rôle du duc d'Orléans et de son parti. — Les princes émigrés sont décrétés d'accusation. — Formation d'un ministère girondin. — Dumouriez, son caractère, son génie et ses projets ; détails sur les nouveaux ministres. — Entretien de Dumouriez avec la reine. — Déclaration de guerre au roi de Hongrie et de Bohême. — Premières opérations militaires. Déroutes de Quiévrain et de Tournay. Meurtre du général Dillon.

Au commencement de l'année 1792, la guerre était devenue la grande question du moment; c'était pour la révolution celle de l'existence même. Ses ennemis étant maintenant transportés au dehors, c'était là qu'il fallait les chercher et les vaincre. Le roi, chef des armées, agirait-il de bonne foi contre ses parents et ses anciens courtisans? Tel était le doute sur lequel il importait de rassurer la nation. Cette question de la guerre s'agitait aux Jacobins, qui n'en laissaient passer aucune sans la décider souverainement. Ce qui paraîtra singulier, c'est que les jacobins excessifs et Robespierre, leur chef, étaient portés pour la paix, et les jacobins modérés, ou les girondins, pour la guerre. Ceux-ci avaient à leur tête Brissot et Louvet. Brissot soutenait la guerre de son talent et de son influence. Il pensait avec Louvet et tous les girondins qu'elle convenait à la nation, parce qu'elle terminerait une dangereuse incertitude, et dévoilerait les véritables intentions du roi. Ces hommes, jugeant du résultat d'après leur enthousiasme, ne pouvaient pas croire que la nation fût vaincue; et ils pensaient que si, par la faute du roi, elle éprouvait quelque échec passager, elle serait aussitôt éclairée, et déposerait un chef infidèle. Comment se faisait-il que Robespierre et les autres jacobins ne voulussent pas d'une détermination qui devait amener un dénoûment si prompt et si décisif? C'est ce qu'on ne peut expliquer que par des conjectures. Le timide Robespierre s'effrayait-il de la guerre? ou bien ne la combattait-il que parce que Brissot, son rival aux Jacobins, la soutenait, et parce que le jeune Louvet l'avait défendue avec talent? Quoi qu'il en soit, il combattit pour la paix avec une extrême opiniâtreté. Ceux des cordeliers, qui étaient en même temps jacobins, se rendirent à la délibération et soutinrent Robespierre. Ils semblaient craindre surtout que la guerre ne donnât trop d'avantages à Lafayette, et ne lui procurât bientôt la dictature militaire; c'était là la crainte continuelle de Camille Desmoulins, qui ne cessait de se le figurer à la tête d'une armée victorieuse, écrasant, comme au Champ-de-Mars, jacobins et cordeliers. Louvet et les girondins supposaient un autre motif aux cordeliers, et croyaient qu'ils ne poursuivaient dans Lafayette que l'ennemi du duc d'Orléans, auquel on les disait secrètement unis.

Ce duc d'Orléans, qu'on voit reparaître encore dans les soupçons de ses ennemis, bien plus que dans la révolution, était alors presque éclipsé. On avait pu au commencement se servir de son nom, et lui-même avait pu fonder quelques espérances sur ceux auxquels il le prêtait, mais tout était bien changé depuis. Sentant lui-même combien il était déplacé dans le parti populaire, il avait essayé d'obtenir le pardon de la cour pendant les derniers temps de la constituante, et il avait été repoussé. Sous la législative, on le conserva au rang des amiraux, et il fit de nouvelles tentatives auprès du roi. Cette fois il fut admis auprès de lui, eut un entretien assez long, et ne fut pas mal accueilli. Il devait retourner au château; il s'y rendit. Le couvert de la reine était mis, et tous les courtisans s'y trouvaient en grand nombre. A peine l'eut-on aperçu, que les mots les plus outrageants furent proférés. « Prenez garde aux plats, » s'écriait-on de toutes parts, comme si on avait redouté qu'il y jetât du poison. On le poussait, on lui marchait sur les pieds, et on l'obligea de se retirer. En descendant l'escalier, il reçut de nouveaux outrages, et sortit indigné, croyant que le roi et la reine lui avaient préparé cette scène humiliante. Cependant le roi et la reine furent désespérés de cette imprudence des courtisans, qu'ils ignoraient complétement*. Ce prince dut être plus irrité que jamais, mais il n'en devint certainement ni plus actif, ni plus habile chef de parti qu'auparavant. Ceux de ses amis, qui occupaient les Jacobins et l'assemblée, durent faire sans doute un peu plus de bruit; de là, on crut voir reparaître sa faction, et on pensa que ses prétentions et ses espérances renaissaient avec les dangers du trône.

Les girondins crurent que les cordeliers et les jacobins exagérés ne soutenaient la paix que pour priver Lafayette, rival du duc d'Or-

---

* Voyez la note 6 à la fin du volume.

léans, des succès que la guerre pouvait lui valoir. Quoi qu'il en soit, la guerre, repoussée par les jacobins, mais soutenue par les girondins, dut l'emporter dans l'assemblée, où ceux-ci dominaient. L'assemblée commença par mettre d'abord en accusation, dès le 1er janvier, Monsieur, frère du roi, le comte d'Artois, le prince de Condé, Calonne, Mirabeau jeune et Laqueuille, comme prévenus d'hostilités contre la France. Un décret d'accusation n'étant point soumis à la sanction, on n'avait pas cette fois à redouter le *veto*. Le séquestre des biens des émigrés et la perception de leurs revenus au profit de l'état, ordonnés par le décret non sanctionné, furent prescrits de nouveau par un autre décret, auquel le roi ne mit aucune opposition. L'assemblée s'emparait des revenus à titre d'indemnités de guerre. Monsieur fut privé de la régence, en vertu de la décision précédemment rendue.

Le rapport sur le dernier office de l'empereur fut enfin présenté, le 14 janvier, à l'assemblée par Gensonné. Il fit remarquer que la France avait toujours prodigué ses trésors et ses soldats à l'Autriche, sans jamais en obtenir de retour; que le traité d'alliance conclu en 1756 avait été violé par la déclaration de Pilnitz et les suivantes, dont l'objet était de susciter une coalition armée des souverains; qu'il l'avait été encore par l'armement des émigrés, souffert et secondé même par les princes de l'empire. Gensonné soutint de plus que, quoique des ordres eussent été récemment donnés pour la dispersion des rassemblements, ces ordres apparents n'avaient pas été exécutés; que la cocarde blanche n'avait pas cessé d'être portée au-delà du Rhin, la cocarde nationale outragée, et les voyageurs français maltraités; qu'en conséquence, il fallait demander à l'empereur une dernière explication sur le traité de 1756. L'impression et l'ajournement de ce rapport furent ordonnés.

Le même jour, Guadet monte à la tribune. « De tous les faits, dit-il, communiqués à l'assemblée, celui qui l'a le plus frappé, c'est le plan d'un congrès dont l'objet serait d'obtenir la modification de la constitution française, plan soupçonné depuis long-temps, et enfin dénoncé comme possible par les comités et les ministres. S'il est vrai, ajoute Guadet, que cette intrigue est conduite par des hommes qui croient y voir le moyen de sortir de la nullité politique dans laquelle ils viennent de descendre; s'il est vrai que quelques-uns des agents du pouvoir exécutif secondent de toute la puissance de leurs relations cet abominable complot; s'il est vrai qu'on veuille nous amener par les longueurs et le découragement à accepter cette honteuse médiation, l'assemblée nationale doit-elle fermer les yeux sur de pareils dangers? Jurons, s'écrie l'orateur, de mourir tous ici, plutôt... » On ne le laisse pas achever; toute l'assemblée se lève en criant : *Oui, oui, nous le jurons*; et d'enthousiasme, on déclare infame et traître à la patrie tout Français qui pourrait prendre part à un congrès dont l'objet serait de modifier la constitution. C'était contre les anciens constituants et le ministre Delessart que ce décret était dirigé. C'est surtout ce dernier qu'on accusait de traîner les négociations en longueur. Le 17, la discussion sur le rapport de Gensonné fut reprise, et il fut décrété que le roi ne traiterait plus qu'au nom de la nation française, et qu'il requerrait l'empereur de s'expliquer définitivement avant le 1er mars prochain. Le roi répondit que depuis plus de quinze jours il avait demandé des explications positives à Léopold.

Dans cet intervalle, on apprit que l'électeur de Trèves, effrayé de l'insistance du cabinet français, avait donné de nouveaux ordres pour la dispersion des rassemblements, pour la vente des magasins formés dans ses états, pour la prohibition des recrutements et des exercices militaires, et que ces ordres étaient en effet mis à exécution. Dans les dispositions où l'on était, une pareille nouvelle fut froidement accueillie. On ne voulut y voir que de vaines démonstrations sans résultat; et on persista à demander la réponse définitive de Léopold.

Des divisions existaient dans le ministère, entre Bertrand de Molleville et Narbonne. Bertrand était jaloux de la popularité du ministre de la guerre, et blâmait ses condescendances pour l'assemblée. Narbonne se plaignait de la conduite de Bertrand de Molleville, de ses dispositions inconstitutionnelles, et voulait que le roi le fît sortir du ministère. Cahier de Gerville tenait la balance entre eux, mais sans succès. On prétendit que le parti constitutionnel voulait porter Narbonne à la dignité de premier ministre; il paraît même que le roi fut trompé, qu'on l'effraya de la popularité et de l'ambition de Narbonne, qu'on lui montra en lui un jeune présomptueux qui voulait gouverner le cabinet. Les journaux furent instruits de ces divisions; Brissot et la Gironde défendirent ardemment le ministre menacé de disgrace, et attaquèrent vivement ses collègues et le roi. Une lettre écrite par les trois généraux du nord à Narbonne, et dans laquelle ils lui exprimaient leurs craintes sur sa destitution qu'on disait imminente, fut publiée. Le roi le destitua aussitôt; mais, pour combattre l'effet de cette destitution, il fit annoncer celle de Bertrand de Molleville. Cependant l'effet de la première n'en fut pas moins grand; une agitation extraordinaire éclata aussitôt; et l'assemblée voulut déclarer, d'après la formule employée autrefois pour Necker, que Narbonne emportait la confiance de la nation, et que le ministère entier l'avait perdue. On voulait cependant excepter de cette condamnation Cahier de Gerville, qui avait toujours combattu Bertrand de Molleville, et qui venait même d'avoir avec lui une dispute violente. Après bien des agitations, Brissot demanda à prouver que Delessart avait trahi la confiance de la nation. Ce ministre avait confié au comité diplomatique sa correspondance avec Kaunitz; elle était sans dignité, elle donnait même à Kaunitz une idée peu favorable de l'état de la France, et semblait avoir autorisé la conduite et le langage de Léopold. Il faut savoir que Delessart, et son collègue Duport-Dutertre, étaient les deux ministres qui appartenaient plus particulièrement aux feuillants, et auxquels on en voulait le plus, parce qu'on les accusait de favoriser le projet d'un congrès.

Dans une des séances les plus orageuses de l'assemblée, l'infortuné Delessart fut accusé par Brissot d'avoir compromis la dignité de la nation, de n'avoir pas averti l'assemblée du concert des puissances et de la déclaration de Pilnitz; d'avoir professé dans ses notes des doctrines inconstitutionnelles, d'avoir donné à Kaunitz une fausse idée de l'état de la France, d'avoir traîné la négociation en longueur et de l'avoir conduite d'une manière contraire aux intérêts de la patrie. Vergniaud se joignit à Brissot, et ajouta de nouveaux griefs à ceux qui étaient imputés à Delessart. Il lui reprocha d'avoir, lorsqu'il était ministre de l'intérieur, gardé trop long-temps en portefeuille le décret qui réunissait le Comtat à la France, et d'être ainsi la cause des massacres d'Avignon. Puis Vergniaud ajouta : « De cette tribune où je vous parle, on aperçoit le palais où des conseillers pervers égarent et trompent le roi que la constitution nous a donné; je vois les fenêtres du palais où l'on trame la contre-révolution, où l'on combine les moyens de nous replonger dans l'esclavage.... La terreur est souvent sortie, dans les temps antiques, et au nom du despotisme, de ce palais fameux; qu'elle y rentre aujourd'hui, au nom de la loi; qu'elle y pénètre tous les cœurs; que tous ceux qui l'habitent sachent que notre constitution n'accorde l'inviolabilité qu'au roi. »

Le décret d'accusation fut aussitôt mis aux voix et adopté*; Delessart fut envoyé à la haute cour nationale, établie à Orléans, et chargée, d'après la constitution, de juger les crimes d'état. Le roi le vit partir avec la plus grande peine. Il lui avait donné sa confiance et l'aimait beaucoup à cause de ses vues modérées et pacifiques. Duport-Dutertre, ministre du parti constitutionnel, fut aussi menacé d'une accusation, mais il la prévint, demanda à se justifier, fut absous par l'ordre du jour, et immédiatement après donna sa démission. Cahier de Gerville la donna aussi, et de cette manière le roi se trouva privé du seul de ses ministres qui eût auprès de l'assemblée une réputation de patriotisme.

Séparé des ministres que les feuillants lui avaient donnés, et ne sachant sur qui s'appuyer au milieu de cet orage, Louis XVI, qui avait renvoyé Narbonne parce qu'il était trop populaire, songea à se lier à la Gironde, qui était républicaine. Il est vrai qu'elle ne l'était que par défiance du roi, qui pouvait, en se livrant à elle, réussir à se l'attacher; mais il

* Séance du 10 mars.

fallait qu'il se livrât sincèrement, et cette éternelle question de la bonne foi s'élevait encore ici comme dans toutes les occasions. Sans doute Louis XVI était sincère quand il se confiait à un parti, mais ce n'était pas sans humeur et sans regrets. Aussi, dès que ce parti lui imposait une condition difficile mais nécessaire, il la repoussait; la défiance naissait aussitôt, l'aigreur s'ensuivait, et bientôt une rupture était la suite de ces alliances malheureuses entre des cœurs que des intérêts trop opposés occupaient exclusivement. C'est ainsi que Louis XVI, après avoir admis auprès de lui le parti feuillant, avait repoussé par humeur Narbonne, qui en était le chef le plus prononcé, et se trouvait réduit, pour apaiser l'orage, à s'abandonner à la Gironde. L'exemple de l'Angleterre, où le roi prend souvent ses ministres dans l'opposition, fut un des motifs de Louis XVI. La cour conçut alors une espérance, car on s'en fait toujours une même dans les plus tristes conjonctures; elle se flatta que Louis XVI, en prenant des démagogues incapables et ridicules, perdrait de réputation le parti dans lequel il les aurait choisis. Cependant il n'en fut point ainsi, et le nouveau ministère ne fut pas tel que l'aurait désiré la méchanceté des courtisans.

Depuis plus d'un mois, Delessart et Narbonne avaient appelé un homme dont ils avaient cru les talents précieux, et l'avaient placé auprès d'eux pour s'en servir : c'était Dumouriez, qui tour à tour commandant en Normandie, et dans la Vendée, avait montré partout une fermeté et une intelligence rares. Il s'était offert tantôt à la cour, tantôt à l'assemblée constituante, parce que tout parti lui était indifférent, pourvu qu'il pût exercer son activité et ses talents extraordinaires. Dumouriez, rapetissé par le siècle, avait passé une partie de sa vie dans les intrigues diplomatiques. Avec sa bravoure, son génie militaire et politique, et ses cinquante ans, il n'était encore, à l'ouverture de la révolution, qu'un brillant aventurier. Cependant il avait conservé le feu et la hardiesse de la jeunesse. Dès qu'une guerre ou une révolution s'ouvrait, il faisait des plans, les adressait à tous les partis, prêt à agir pour tous, pourvu qu'il pût agir. Il s'était ainsi habitué à ne faire aucun cas de la nature d'une cause; mais quoique trop dépourvu de conviction, il était généreux, sensible, et capable d'attachement, sinon pour les principes, du moins pour les personnes. Cependant avec son esprit si gracieux, si prompt, si vaste, son courage tour à tour calme ou impétueux, il était admirable pour servir, mais incapable de dominer. Il n'avait ni la dignité d'une conviction profonde, ni la fierté d'une volonté despotique, et il ne pouvait commander qu'à des soldats. Si avec son génie il avait eu les passions de Mirabeau, la volonté d'un Cromwell, ou seulement le dogmatisme d'un Robespierre, il eût dominé la révolution et la France.

Dumouriez, en arrivant près de Narbonne, forma tout de suite un vaste plan militaire. Il voulait à la fois la guerre offensive et défensive. Partout où la France s'étendait jusqu'à ses limites naturelles, le Rhin, les Alpes, les Pyrénées et la mer, il voulait qu'on se bornât à la défensive. Mais dans les Pays-Bas, où notre territoire n'allait pas jusqu'au Rhin, dans la Savoie, où il n'allait pas jusqu'aux Alpes, il voulait qu'on attaquât sur-le-champ, et qu'arrivé aux limites naturelles on reprît la défensive. C'était concilier à la fois nos intérêts et les principes; c'était profiter d'une guerre qu'on n'avait pas provoquée, pour en revenir, en fait de limites, aux véritables lois de la nature. Il proposa en outre la formation d'une quatrième armée, destinée à occuper le Midi, et en demanda le commandement qui lui fut promis.

Dumouriez s'était concilié Gensonné, l'un

des commissaires civils envoyés dans la Vendée par l'assemblée constituante, député depuis à la législative, et l'un des membres les plus influents de la Gironde. Ayant remarqué aussi que les jacobins étaient la puissance dominatrice, il s'était présenté dans leur club, y avait lu divers mémoires fort applaudis, et n'en avait pas moins continué sa vieille amitié avec Delaporte, intendant de la liste civile, et ami dévoué de Louis XVI. Tenant ainsi aux diverses puissances qui allaient s'allier, Dumouriez ne pouvait manquer de l'emporter et d'être appelé au ministère. Louis XVI lui fit offrir le portefeuille des affaires étrangères, rendu vacant par le décret d'accusation contre Delessart; mais encore attaché au ministre accusé, le roi ne l'offrit que par intérim. Dumouriez se sentant fortement appuyé, et ne voulant pas paraître garder la place pour un ministre feuillant, refusa le portefeuille avec cette condition, et l'obtint sans intérim. Il ne trouva au ministère que Cahier de Gerville et Degraves. Cahier de Gerville, quoique ayant donné sa démission, n'avait pas encore quitté les affaires. Degraves avait remplacé Narbonne; il était jeune, facile, et inexpérimenté; Dumouriez sut s'en emparer, et il eut ainsi dans sa main les relations extérieures et l'administration militaire, c'est-à-dire les causes et l'organisation de la guerre. Il ne fallait pas moins à ce génie si entreprenant. A peine arrivé au ministère, Dumouriez se coiffa chez les jacobins du bonnet rouge, parure nouvelle empruntée aux Phrygiens, et devenue l'emblème de la liberté. Il leur promit de gouverner pour eux et par eux. Présenté à Louis XVI, il le rassura sur sa conduite aux Jacobins; il détruisit les préventions que cette conduite lui avait inspirées; il eut l'art de le toucher par des témoignages de dévouement, et de dissiper sa sombre tristesse à force d'esprit. Il lui persuada qu'il ne recherchait la popularité qu'au profit du trône, et pour son raffermissement. Cependant, malgré toute sa déférence, il eut soin de faire sentir au prince que la constitution était inévitable, et tâcha de le consoler en cherchant à lui prouver qu'un roi pouvait encore être très-puissant avec elle. Ses premières dépêches aux puissances, pleines de raison et de fermeté, changèrent la nature des négociations, donnèrent à la France une attitude toute nouvelle, mais rendirent la guerre imminente. Il était naturel que Dumouriez désirât la guerre, puisqu'il en avait le génie, et qu'il avait médité trente-six ans sur ce grand art; mais il faut convenir aussi que la conduite du cabinet de Vienne, et l'irritation de l'assemblée, l'avaient rendue inévitable.

Dumouriez, par sa conduite aux Jacobins, par ses alliances connues avec la Gironde, devait, même sans haine contre les feuillants, se brouiller avec eux; d'ailleurs il les déplaçait. Aussi fut-il dans une constante opposition avec tous les chefs de ce parti. Bravant du reste les railleries et les dédains qu'ils dirigeaient contre les jacobins et l'assemblée, il se décida à poursuivre sa carrière avec son assurance accoutumée.

Il fallait compléter le cabinet. Pétion, Gensonné et Brissot étaient consultés sur le choix à faire. On ne pouvait, d'après la loi, prendre les ministres dans l'assemblée actuelle, ni dans la précédente; les choix se trouvaient donc extrêmement bornés. Dumouriez proposa, pour la marine, un ancien employé de ce ministère, Lacoste, travailleur expérimenté, patriote opiniâtre, qui cependant s'attacha au roi, en fut aimé, et resta auprès de lui plus long-temps que tous les autres. On voulait donner le ministère de la justice à ce jeune Louvet, qui s'était récemment distingué aux Jacobins, et qui avait obtenu la faveur de la Gironde depuis qu'il avait si bien soutenu l'opinion de

Brissot en faveur de la guerre; l'envieux Robespierre le fit dénoncer aussitôt. Louvet se justifia avec succès, mais on ne voulut pas d'un homme dont la popularité était contestée, et on fit venir Duranthon, avocat de Bordeaux, homme éclairé, droit, mais trop faible. Il restait à donner le ministère des finances et de l'intérieur. La Gironde proposa encore Clavière, connu par des écrits estimés sur les finances. Clavière avait beaucoup d'idées, toute l'opiniâtreté de la méditation, et une grande ardeur au travail. Le ministre placé à l'intérieur fut Roland, autrefois inspecteur des manufactures, connu par de bons écrits sur l'industrie et les arts mécaniques. Cet homme, avec des mœurs austères, des doctrines inflexibles, et un aspect froid et dur, cédait, sans s'en douter, à l'ascendant supérieur de sa femme. Madame Roland était jeune et belle. Nourrie, au fond de la retraite, d'idées philosophiques et républicaines, elle avait conçu des pensées supérieures à son sexe, et s'était fait, des principes qui régnaient alors, une religion sévère. Vivant dans une amitié intime avec son époux, elle lui prêtait sa plume, lui communiquait une partie de sa vivacité, et soufflait son enthousiasme non-seulement à son mari, mais à tous les girondins, qui, passionnés pour la liberté et la philosophie, adoraient en elle la beauté, l'esprit et leurs propres opinions.

Le nouveau ministère réunissait d'assez grandes qualités pour prospérer; mais il fallait qu'il ne déplût pas trop à Louis XVI, et qu'il maintînt son alliance avec la Gironde. Il pouvait alors suffire à sa tâche; mais il était à craindre que tout ne fût perdu le jour où à l'incompatibilité naturelle des parties viendraient se joindre quelques fautes des hommes, et c'est ce qui ne pouvait manquer d'arriver bientôt. Louis XVI, frappé de l'activité de ses ministres, de leurs bonnes intentions, et de leur talent pour les affaires, fut charmé un instant; leurs réformes économiques surtout lui plaisaient, car il avait toujours aimé ce genre de bien, qui n'exigeait aucun sacrifice de pouvoir ni de principes. S'il avait pu être rassuré toujours comme il le fut d'abord, et se séparer des gens de cour, il eût supporté facilement la constitution. Il le répéta avec sincérité aux ministres, et parvint à convaincre les deux plus difficiles, Roland et Clavière. La persuasion fut entière de part et d'autre. La Gironde, qui n'était républicaine que par méfiance du roi, cessa de l'être alors, et Vergniaud, Gensonné, Guadet, entrèrent en correspondance avec Louis XVI, ce qui plus tard fut contre eux un chef d'accusation. L'inflexible épouse de Roland était seule en doute, et retenait ses amis trop faciles, suivant elle, à se livrer. La raison de ses défiances est naturelle : elle ne voyait pas le roi. Les ministres au contraire l'entretenaient tous les jours, et d'honnêtes gens qui se rapprochent sont bientôt rassurés ; mais cette confiance ne pouvait durer, parce que des questions inévitables allaient faire ressortir toute la différence de leurs opinions.

La cour cherchait à répandre du ridicule sur la simplicité un peu républicaine du nouveau ministère, et sur la rudesse sauvage de Roland, qui se présentait au château sans boucles aux souliers. Dumouriez rendait les sarcasmes, et mêlant la gaîté au travail le plus assidu, plaisait au roi, le charmait par son esprit, et peut-être aussi lui convenait mieux que les autres par la flexibilité de ses opinions. La reine, s'apercevant que, de tous ses collègues, il était le plus puissant sur l'esprit du monarque, voulut le voir. Il nous a conservé dans ses mémoires cet entretien singulier qui peint les agitations de cette princesse infortunée, digne d'un autre règne, d'autres amis, et d'un autre sort.

« Introduit, dit-il, dans la chambre de la

« reine, il la trouva seule, très-rouge, se pro-
« menant à grands pas, avec une agitation qui
« présageait une explication très-vive. Il alla se
« poster au coin de la cheminée, douloureu-
« sement affecté du sort de cette princesse, et
« des sensations terribles qu'elle éprouvait. Elle
« vint à lui d'un air majestueux et irrité, et lui
« dit : *Monsieur, vous êtes tout puissant en ce*
« *moment, mais c'est par la faveur du peuple*
« *qui brise bien vite ses idoles. Votre existence*
« *dépend de votre conduite. On dit que vous*
« *avez beaucoup de talents. Vous devez juger*
« *que ni le roi ni moi, ne pouvons souffrir toutes*
« *ces nouveautés ni la constitution. Je vous le*
« *déclare franchement ; prenez votre parti.*

« Il lui répondit : *Madame, je suis désolé de*
« *la pénible confidence que vient de me faire*
« *votre majesté. Je ne la trahirai pas : mais je*
« *suis entre le roi et la nation, et j'appartiens à*
« *ma patrie. Permettez-moi de vous représenter*
« *que le salut du roi, le vôtre, celui de vos au-*
« *gustes enfants, est attaché à la constitution,*
« *ainsi que le rétablissement de son autorité lé-*
« *gitime. Je vous servirais mal et lui aussi, si*
« *je vous parlais différemment. Vous êtes tous*
« *les deux entourés d'ennemis qui vous sacri-*
« *fient à leur propre intérêt. La constitution,*
« *si une fois elle est en vigueur, bien loin de*

« *faire le malheur du roi, fera sa félicité et sa*
« *gloire ; il faut qu'il concoure à ce qu'elle*
« *s'établisse solidement et promptement.* — L'in-
« fortunée reine, choquée de ce que Dumouriez
« heurtait ses idées, lui dit en haussant la voix,
« avec colère : *Cela ne durera pas ; prenez*
« *garde à vous.*

« Dumouriez répondit avec une fermeté mo-
« deste : *Madame, j'ai plus de cinquante ans ;*
« *ma vie a été traversée de bien des périls, et*
« *en prenant le ministère, j'ai bien réfléchi que*
« *la responsabilité n'est pas le plus grand de*
« *mes dangers.* — *Il ne manquait plus,* s'écria-
« t-elle avec douleur, *que de me calomnier.*
« *Vous semblez croire que je suis capable de*
« *vous faire assassiner :* et des larmes coulèrent
« de ses yeux.

« Agité autant qu'elle-même : *Dieu me pré-*
« *serve, dit-il, de vous faire une aussi cruelle*
« *injure ! Le caractère de votre majesté est grand*
« *et noble ; elle en a donné des preuves héroïques*
« *que j'ai admirées, et qui m'ont attaché à elle.*
« Dans le moment elle fut calmée, et s'appro-
« cha de lui. Il continua : *Croyez-moi, madame,*
« *je n'ai aucun intérêt à vous tromper, j'ab-*
« *horre autant que vous l'anarchie et les crimes.*
« *Croyez-moi, j'ai de l'expérience. Je suis mieux*
« *placé que votre majesté pour juger des évène-*

« ments. Ceci n'est pas un mouvement populaire
« momentané, comme vous semblez le croire.
« C'est l'insurrection presque unanime d'une
« grande nation contre des abus invétérés. De
« grandes factions attisent cet incendie ; il y a
« dans toutes des scélérats et des fous. Je n'en-
« visage dans la révolution que le roi et la na-
« tion entière ; tout ce qui tend à les séparer
« conduit à leur ruine mutuelle ; je travaille au-
« tant que je peux à les réunir, c'est à vous à
« m'aider. Si je suis un obstacle à vos desseins,
« si vous y persistez, dites-le-moi ; je porte sur-
« le-champ ma démission au roi, et je vais gé-
« mir dans un coin sur le sort de ma patrie et
« sur le vôtre.

« La fin de cette conversation établit entiè-
« rement la confiance de la reine. Ils parcou-
« rurent ensemble les diverses factions ; il lui
« cita des fautes et des crimes de toutes ; il lui
« prouva qu'elle était trahie dans son inté-
« rieur ; il lui cita des propos tenus dans sa con-
« fidence la plus intime ; cette princesse lui parut
« à la fin entièrement convaincue, et elle le
« congédia avec un air serein et affable. Elle
« était de bonne foi, mais ses entours et les
« horribles excès des feuilles de Marat et des
« Jacobins la replongèrent bientôt dans ses
« funestes résolutions

« Un autre jour elle lui dit devant le roi :
« *Vous me voyez désolée ; je n'ose pas me mettre*
« *à la fenêtre du côté du jardin. Hier au soir,*
« *pour prendre l'air, je me suis montrée à la*
« *fenêtre de la cour : un canonnier de garde m'a*
« *apostrophée d'une injure grossière, en ajou-*
« *tant :* Que j'aurais de plaisir à voir ta tête au
« bout de ma baïonnette! *Dans cet affreux*
« *jardin, d'un côté on voit un homme monté*
« *sur une chaise, lisant à haute voix des hor-*
« *reurs contre nous ; d'un autre, c'est un mili-*
« *taire ou un abbé qu'on traîne dans un bassin,*
« *en l'accablant d'injures et de coups ; pendant*
« *ce temps-là, d'autres jouent au ballon, ou se*
« *promènent tranquillement. Quel séjour! quel*
« *peuple!* » (Mém. de Dumouriez ; livre III,
chapitre VI*.)

Ainsi, par une espèce de fatalité, les intentions supposées du château excitaient la défiance et la fureur du peuple, et les hurlements du peuple augmentaient les douleurs et les imprudences du château. Ainsi le désespoir régnait au dehors et au dedans. Mais pourquoi, se demande-t-on, une franche explication ne terminait-elle pas tant de maux ? Pourquoi le château ne comprenait-il pas les craintes du

---

* Voyez la note 7 à la fin du volume.

peuple? Pourquoi le peuple ne comprenait-il pas les douleurs du château? Mais pourquoi les hommes sont-ils hommes?... A cette dernière question, il faut s'arrêter, se soumettre, se résigner à la nature humaine et poursuivre ces tristes récits.

Léopold II était mort; les dispositions pacifiques de ce prince étaient à regretter pour la tranquillité de l'Europe, et on ne pouvait pas espérer la même modération de son successeur et neveu, le roi de Bohême et de Hongrie. Gustave, le roi de Suède, venait d'être assassiné au milieu d'une fête. Les ennemis des Jacobins leur attribuaient cet assassinat; mais il était bien prouvé qu'il fut le crime de la noblesse humiliée par Gustave dans la dernière révolution de Suède. Ainsi la noblesse, qui accusait en France les fureurs révolutionnaires du peuple, donnait dans le Nord un exemple de ce qu'elle avait jadis été elle-même, et de ce qu'elle était encore dans les pays où la civilisation était moins avancée. Quel exemple pour Louis XVI, et quelle leçon, si dans le moment il avait pu la comprendre! La mort de Gustave fit échouer l'entreprise qu'il avait méditée contre la France, entreprise à laquelle Catherine devait fournir des soldats, et l'Espagne des subsides. Il est douteux cependant que la perfide Catherine eût fait ce qu'elle avait promis, et la mort de Gustave, dont on s'exagéra les conséquences, fut en réalité un événement peu important*.

Delessart avait été mis en accusation pour la faiblesse de ses dépêches ; il n'était ni dans les goûts ni dans les intérêts de Dumouriez de traiter faiblement avec les puissances. Les dernières dépêches avaient paru satisfaire Louis XVI, par leur convenance et leur fermeté. M. de Noailles, ambassadeur à Vienne, et serviteur peu sincère, envoya sa démission à Dumouriez, en disant qu'il n'espérait pas faire écouter au chef de l'empire le langage qu'on venait de lui dicter. Dumouriez se hâta d'en prévenir l'assemblée, qui, indignée de cette démission, mit aussitôt M. de Noailles en accusation. Un autre ambassadeur fut envoyé sur-le-champ avec de nouvelles dépêches. Deux jours après, Noailles revint sur sa démission, et envoya la réponse catégorique qu'il avait exigée de la cour de Vienne. Cette note de M. de Cobentzel est, entre toutes les fautes des puissances, une des plus impolitiques qu'elles aient commises. M. de Cobentzel exigeait, au nom de sa cour, le rétablissement de la monarchie française, sur les bases fixées par la déclaration royale du 23 juin

---

* Voyez la note 8 à la fin du volume.

1789. C'était imposer le rétablissement des trois ordres, la restitution des biens du clergé, et celle du Comtat-Venaissin au pape. Le ministre autrichien demandait en outre la restitution aux princes de l'empire des terres d'Alsace, avec tous leurs droits féodaux. Il fallait ne connaître la France que par les passions de Coblentz, pour proposer des conditions pareilles. C'était exiger à la fois la destruction d'une constitution jurée par le roi et la nation, la révocation d'une grande détermination à l'égard d'Avignon; et enfin la banqueroute par la restitution des biens du clergé déjà vendus. D'ailleurs de quel droit réclamer une pareille soumission? De quel droit intervenir dans nos affaires? Quelle plainte avait-on à élever pour les princes d'Alsace, puisque leurs terres étaient enclavées dans la souveraineté française, et devaient en subir la loi?

Le premier mouvement du roi et de Dumouriez fut de courir à l'assemblée pour l'informer de cette note. L'assemblée fut indignée et devait l'être; il y eut un cri de guerre général. Ce que Dumouriez ne dit pas à l'assemblée, c'est que l'Autriche, qu'il avait menacée d'une nouvelle révolution à Liége, avait envoyé un agent pour traiter de cet objet avec lui; que le langage de cet agent était tout différent de celui du ministère autrichien, et que bien évidemment la dernière note était l'effet d'une résolution soudaine et suggérée. L'assemblée leva le décret d'accusation porté contre Noailles, et exigea un prompt rapport. Le roi ne pouvait plus reculer; cette guerre fatale allait être enfin déclarée, et dans aucun cas, elle ne favorisait ses intérêts. Vainqueurs, les Français en devenaient plus exigeants et plus inexorables sur l'observation de la loi nouvelle; vaincus, ils allaient s'en prendre au gouvernement, et l'accuser d'avoir mal soutenu la guerre. Louis XVI sentait parfaitement ce double péril, et cette résolution fut une de celles qui lui coûtèrent le plus*. Dumouriez rédigea son rapport avec sa célérité ordinaire, et le porta au roi qui le garda trois jours. Il s'agissait de savoir si le roi, réduit à prendre l'initiative auprès de l'assemblée, l'engagerait à déclarer la guerre, ou bien s'il se contenterait de la consulter à cet égard, en lui annonçant que, d'après les injonctions faites, la France se *trouvait en état de guerre*. Les ministres Roland et Clavière opinaient pour le premier avis. Les orateurs de la Gironde le soutenaient également, et voulaient dicter le discours du trône. Il répugnait

---

* Voyez la note 9 à la fin du volume.

à Louis XVI de déclarer la guerre, et il aimait mieux *déclarer l'état de guerre*. La différence était peu importante, cependant elle était préférable à son cœur. On pouvait avoir une telle condescendance pour sa situation. Dumouriez, plus facile, n'écouta aucun des ministres; et, soutenu par Degraves, Lacoste et Duranthon, fit adopter l'avis du roi. Ce fut là son premier différend avec la Gironde. Le roi composa lui-même son discours et se rendit en personne à l'assemblée, le 20 avril, suivi de tous ses ministres. Une affluence considérable de spectateurs ajoutait à l'effet de cette séance qui allait décider du sort de la France et de l'Europe. Les traits du roi étaient altérés, et annonçaient une préoccupation profonde. Dumouriez lut un rapport détaillé des négociations de la France avec l'Empire; il démontra que le traité de 1756 était rompu par le fait, et que, d'après le dernier ultimatum, la France *se trouvait en état de guerre*. Il ajouta que le roi, pour consulter l'assemblée, n'ayant d'autre moyen légal que la *proposition formelle de guerre*, il se résignait à la consulter par cette voie. Louis XVI alors prit la parole avec dignité, mais avec une voix altérée.—« Messieurs, dit-il, vous venez d'entendre le résultat des négociations que j'ai suivies avec la cour de Vienne. Les conclusions du rapport ont été l'avis unanime de mon conseil ; je les ai adoptées moi-même. Elles sont conformes au vœu que m'a manifesté plusieurs fois l'assemblée nationale, et aux sentiments que m'ont témoignés un grand nombre de citoyens des différentes parties du royaume ; tous préfèrent la guerre à voir plus long-temps la dignité du peuple français outragée et la sûreté nationale menacée.

« J'avais dû préalablement épuiser tous les moyens de maintenir la paix. Je viens aujourd'hui, aux termes de la constitution, proposer à l'assemblée nationale la guerre contre le roi de Hongrie et de Bohême. »

Le meilleur accueil fut fait à cette proposition ; des cris de *vive le roi* retentirent de toutes parts. L'assemblée répondit à Louis XVI qu'elle allait délibérer, et qu'il serait instruit par un message du résultat de sa délibération. La discussion la plus orageuse commença alors et se prolongea bien avant dans la nuit. Les raisons déjà données pour et contre furent répétées ici ; enfin le décret fut rendu, et la guerre résolue à une grande majorité.

« Considérant, disait l'assemblée, que la cour de Vienne, au mépris des traités, n'a cessé d'accorder une protection ouverte aux Français rebelles ; qu'elle a provoqué et formé un concert avec plusieurs puissances de l'Europe, contre l'indépendance et la sûreté de la nation française;

« Que François Ier, roi de Hongrie et de Bohême *, a, par ses notes des 18 mars et 7 avril derniers, refusé de renoncer à ce concert;

« Que, malgré la proposition qui lui a été faite par la note du 11 mars 1792, de réduire de part et d'autre à l'état de paix les troupes sur les frontières, il a continué et augmenté ses préparatifs hostiles;

« Qu'il a formellement attenté à la souveraineté de la nation française, en déclarant vouloir soutenir les prétentions des princes allemands possessionnés en France, auxquels la nation française n'a cessé d'offrir des indemnités;

« Qu'il a cherché à diviser les citoyens français, et à les armer les uns contre les autres, en offrant aux mécontents un appui dans le concert des puissances;

« Considérant enfin que le refus de répondre aux dernières dépêches du roi des Français ne laisse plus d'espoir d'obtenir, par la voie d'une négociation amicale, le redressement de ces différents griefs, et équivaut à une déclaration

---

* François Ier n'était pas encore élu empereur.

de guerre, etc., l'assemblée déclare qu'il y a urgence. »

Il faut en convenir, cette guerre cruelle, qui a si long-temps déchiré l'Europe, n'a pas été provoquée par la France, mais par les puissances étrangères. La France, en la déclarant, n'a fait que reconnaître par un décret l'état où on l'avait placée. Condorcet fut chargé de faire un exposé des motifs de la nation. L'histoire doit recueillir ce morceau, précieux modèle de raison et de mesure*.

La nouvelle de guerre causa une joie générale. Les patriotes y voyaient la fin des craintes que leur causaient l'émigration et la conduite incertaine du roi; les modérés, effrayés surtout du danger des divisions, espéraient que le péril commun y mettrait fin, et que les champs de bataille absorberaient tous ces hommes turbulents enfantés par la révolution. Quelques feuillants seulement, très-disposés à trouver des torts à l'assemblée, lui reprochaient d'avoir violé la constitution, d'après laquelle la France ne devait jamais être en état d'agression. Mais il est trop évident ici que la France n'attaquait pas. Ainsi, à part le roi et quelques mécontents, la guerre était le vœu général.

* Voyez la note 10 à la fin du volume.

Lafayette se prépara à servir bravement son pays, dans cette carrière nouvelle. C'était lui qui se trouvait particulièrement chargé de l'exécution du plan conçu par Dumouriez, et ordonné en apparence par Degraves. Dumouriez s'était flatté avec raison, et avait fait espérer à tous les patriotes, que l'invasion de la Belgique serait très-facile. Ce pays, récemment agité par une révolution que l'Autriche avait comprimée, devait être disposé à se soulever à la première apparition des Français ; et alors devait se réaliser ce mot de l'assemblée aux souverains : *Si vous nous envoyez la guerre, nous vous renverrons la liberté.* C'était d'ailleurs l'exécution du plan conçu par Dumouriez, qui consistait à s'étendre jusqu'aux frontières naturelles. Rochambeau commandait l'armée le plus à portée d'agir, mais il ne pouvait être chargé de cette opération, à cause de ses dispositions chagrines et maladives, et surtout parce qu'il était moins capable que Lafayette d'une invasion moitié militaire, moitié populaire. On aurait voulu que Lafayette eût le commandement général, mais Dumouriez s'y refusa, sans doute par malveillance. Il allégua pour raison qu'on ne pouvait, en la présence d'un maréchal, donner le commandement en chef de cette expédition à un simple général. Il dit en outre, et cette raison était moins mauvaise, que Lafayette était suspect aux jacobins et à l'assemblée. Il est certain que jeune, actif, et le seul de tous les généraux qui fût aimé par son armée, Lafayette effrayait les imaginations exaltées, et donnait lieu par son influence aux calomnies des malveillants. Quoi qu'il en soit, il s'offrit de bonne grâce pour exécuter le plan du ministre diplomate et militaire à la fois; il demanda cinquante mille hommes avec lesquels il proposa de se porter par Namur et la Meuse jusqu'à Liége, d'où il devait être maître des Pays-Bas. Ce plan fort bien entendu fut approuvé par Dumouriez; la guerre en effet n'étant déclarée que depuis quelques jours, l'Autriche n'avant pas eu le temps de couvrir ses possessions de la Belgique, et le succès semblait assuré. En conséquence Lafayette eut l'ordre de se porter d'abord avec dix mille hommes de Givet sur Namur, et de Namur sur Liége ou Bruxelles; il devait être immédiatement suivi de toute son armée. Tandis qu'il exécutait ce mouvement, le lieutenant-général Biron devait partir pour Valenciennes, avec dix mille hommes, et se diriger sur Mons. Un autre officier avait ordre de marcher sur Tournay et de l'occuper soudainement. Ces mouvements, opérés par des officiers de Rochambeau, n'avaient d'autre but que de soutenir et masquer la véritable attaque confiée à Lafayette.

L'exécution du plan fut fixée du 20 avril au 2 mai. Biron se mit en marche, sortit de Valenciennes, s'empara de Quiévrain, et trouva quelques détachements ennemis près de Mons. Tout-à-coup deux régiments de dragons, sans même avoir l'ennemi en tête, s'écrient : *Nous sommes trahis!* ils prennent la fuite, et entraînent toute l'armée après eux. En vain les officiers veulent les arrêter ; ils menacent de les fusiller et continuent de fuir. Le camp est livré, et tous les effets militaires sont enlevés par les impériaux. Tandis que cet événement se passait à Mons, Théobald Dillon, d'après le plan convenu, sort de Lille avec deux mille hommes d'infanterie et mille chevaux. A l'heure même où le désastre de Biron avait lieu, la cavalerie, à l'aspect de quelques troupes autrichiennes, se replie en criant qu'elle est trahie ; elle entraîne l'infanterie, et tout le bagage est encore abandonné aux ennemis. Théobald Dillon, un officier du génie nommé Berthois, sont massacrés par les soldats et par le peuple de Lille, qui les accusent de trahison. Pendant ce temps Lafayette, averti trop tard, était parvenu de Metz à Givet après des peines inouïes, et par des chemins presque impraticables. Il ne devait qu'à l'ardeur de ses troupes d'avoir franchi en si peu de temps l'espace considérable qu'il avait à parcourir. Apprenant là le désastre des officiers de Rochambeau, il crut devoir s'arrêter. Ces fâcheux événements eurent lieu dans les derniers jours d'avril 1792.

CHAPITRE III.

Divisions dans le ministère girondin. — Le prétendu comité autrichien. — Décret pour la formation d'un camp de 20,000 hommes près Paris. — Lettre de Roland au roi. — Renvoi des ministres girondins; démission de Dumouriez. Formation d'un ministère feuillant. — Projets du parti constitutionnel; lettre de Lafayette à l'assemblée. — Situation du parti populaire et de ses chefs; plans des députés méridionaux; rôle de Pétion dans les événements de juin. — Journée du 20 juin 1792; insurrection des faubourgs; scènes dans les appartements des Tuileries.

La nouvelle de la malheureuse issue des combats de Quiévrain et de Tournay, et du massacre du général Dillon, causa une agitation générale. Il était naturel de supposer que ces deux événements avaient été concertés, à en juger par leur concours et leur simultanéité. Tous les partis s'accusèrent. Les jacobins et les patriotes exaltés soutinrent qu'on avait voulu trahir la cause de la liberté. Dumouriez, n'accusant pas Lafayette, mais suspectant les feuillants, crut qu'on avait voulu faire échouer son plan pour le dépopulariser. Lafayette se plaignit, mais moins amèrement que son parti, de ce qu'on l'avait averti fort tard de se mettre en marche, et de ce qu'on ne lui avait pas fourni tous les moyens nécessaires pour arriver. Les feuillants répandirent en outre, que Dumouriez avait voulu perdre Rochambeau et Lafayette, en leur traçant un plan sans leur donner les moyens de l'exécuter. Une intention pareille n'était pas supposable, car Dumouriez, en faisant ainsi des plans de campagne, et en s'écartant à ce point de son rôle de ministre des relations extérieures, s'exposait gravement s'il ne réussissait pas. D'ailleurs le projet de donner la Belgique à la France et à la liberté, faisait partie d'un plan qu'il méditait depuis long-temps : comment supposer qu'il voulût en faire manquer le succès ? Il était évident que ni les généraux, ni les ministres, n'avaient pu mettre ici de la mauvaise volonté, parce qu'ils étaient tous intéressés à réussir. Mais les partis mettent toujours les hommes à la place des circonstances, afin de pouvoir s'en prendre à quelqu'un, des maux qui leur arrivent.

Degraves, effrayé du tumulte excité par ces

derniers événements militaires, voulut se démettre d'une charge qui lui pesait depuis longtemps, et Dumouriez eut le tort de ne vouloir pas la subir. Louis XVI, toujours sous l'empire de la Gironde, donna ce ministère à Servan, ancien militaire, connu par ses opinions patriotiques. Ce choix donna de nouvelles forces à la Gironde, qui se trouva presque en majorité dans le conseil, ayant Servan, Clavière et Roland à sa disposition. Dès cet instant, la désunion commença d'éclater entre les ministres. La Gironde devenait de jour en jour plus méfiante, et par conséquent plus exigeante en témoignages de bonne foi de la part de Louis XVI. Dumouriez, que les opinions asservissaient peu, et que la confiance de Louis XVI avait touché, se rangeait toujours de son côté; et Lacoste, qui s'était fortement attaché au prince, faisait de même. Duranthon restait neutre, et n'avait de préférence marquée que pour les partis les plus faibles. Servan, Clavière et Roland étaient inflexibles; tout pleins des craintes de leurs amis, ils se montraient tous les jours plus difficiles et plus inexorables au conseil. Une dernière circonstance acheva de brouiller Dumouriez avec les principaux membres de la Gironde. Il avait demandé, en entrant au ministère des affaires étrangères, six millions pour dépenses secrètes, et dont il ne serait pas tenu de rendre compte. Les feuillants s'y étaient opposés, mais la Gironde avait fait triompher sa demande, et les six millions furent accordés. Pétion ayant demandé des fonds pour la police de Paris, Dumouriez lui avait alloué trente mille francs par mois; mais, cessant d'être girondin, il ne consentit à les payer qu'une fois. D'autre part, on apprit ou on soupçonna qu'il venait de consacrer cent mille francs à ses plaisirs. Roland, chez lequel se réunissait la Gironde, en fut indigné avec tous les siens. Les ministres dînaient alternativement les uns chez les autres, pour s'entretenir des affaires publiques. Lorsqu'ils se réunissaient chez Roland, c'était en présence de sa femme et de tous ses amis; et on peut dire que le conseil était alors tenu par la Gironde elle-même. Ce fut dans une de ces réunions qu'on fit des remontrances à Dumouriez sur la nature de ses dépenses secrètes. D'abord il répondit avec esprit et légèreté, prit de l'humeur ensuite, et se brouilla décidément avec Roland et les Girondins. Il ne reparut plus aux réunions accoutumées, et il en donna pour motif qu'il ne voulait traiter des affaires publiques, ni devant une femme, ni devant les amis de Roland.

Cependant il retourna quelquefois encore chez celui-ci, mais sans s'entretenir d'affaires, ou du moins très-peu. Une autre discussion acheva de le détacher des Girondins. Guadet, le plus pétulant de son parti, fit lecture d'une lettre par laquelle il voulait que les ministres engageassent le roi à prendre pour directeur un prêtre assermenté. Dumouriez soutint que les ministres ne pouvaient intervenir dans les pratiques religieuses du roi. Il fut approuvé, il est vrai, par Vergniaud et Gensonné; mais la querelle n'en fut pas moins vive, et la rupture devint définitive.

Les journaux commencèrent l'attaque contre Dumouriez. Les feuillants, qui déjà étaient conjurés contre lui, se virent alors aidés par les jacobins et les girondins. Dumouriez, attaqué de toutes parts, tint ferme contre l'orage, et fit sévir contre quelques journalistes.

Déjà on avait lancé un décret d'accusation contre Marat, auteur de l'*Ami du peuple*, ouvrage effrayant où il demandait ouvertement le meurtre, et couvrait des plus audacieuses injures la famille royale et tous les hommes qui étaient suspects à son imagination délirante. Pour balancer l'effet de cette mesure, on mit en accusation Royou, rédacteur de l'*Ami du roi*, et qui poursuivait les républicains avec la même violence que Marat déployait contre les royalistes.

Depuis long-temps il était partout question d'un comité autrichien; les patriotes en parlaient à la ville, comme à la cour on parlait de la faction d'Orléans. On attribuait à ce comité une influence secrète et désastreuse, qui s'exerçait par l'intermédiaire de la reine. Si durant la constituante il avait existé quelque chose qui ressemblait à un comité autrichien, rien de pareil ne se passait sous la législative. Alors un grand personnage placé dans les Pays-Bas communiquait à la reine, et au nom de sa famille, des avis assez sages, auxquels l'intermédiaire français ajoutait encore de la prudence par ses commentaires. Mais sous la législative ces communications particulières n'existaient plus; la famille de la reine avait continué sa correspondance avec elle, mais on ne cessait de lui conseiller la patience et la résignation. Seulement, Bertrand de Molleville et Montmorin se rendaient encore au château depuis leur sortie du ministère. C'est sur eux que se dirigeaient tous les soupçons, et ils étaient en effet les agents de toutes les commissions secrètes. Ils furent publiquement accusés par le journaliste Carra. Résolus de le poursuivre comme calomniateur, ils le sommèrent de produire les pièces à l'appui de sa dénonciation. Le journaliste se replia sur trois députés, et nomma Chabot, Merlin et Bazire, comme auteurs des renseignements qu'il avait publiés. Le juge de paix Larivière, qui, se dévouant à la cause du roi, poursuivait cette affaire avec beaucoup de courage, eut la hardiesse de lancer un mandat d'amener contre les trois députés désignés. L'assemblée, offensée qu'on osât porter atteinte à l'inviolabilité de ses membres, répondit au juge de paix par un décret d'accusation, et envoya l'infortuné Larivière à Orléans.

Cette tentative malheureuse ne fit qu'augmenter l'agitation générale, et la haine qui régnait contre la cour. La Gironde ne se regardait plus comme maîtresse de Louis XVI depuis que Dumouriez s'en était emparé, et elle était revenue à son rôle de violente opposition.

La nouvelle garde constitutionnelle du roi avait été récemment formée. On aurait dû, d'après la loi, composer aussi la maison civile; mais la noblesse n'y voulait pas entrer, pour ne pas reconnaître la constitution, en occupant des emplois créés par elle. On ne voulait pas d'autre part la composer d'hommes nouveaux, et on y renonça. « Comment vou-
« lez-vous, madame, écrivait Barnave à la reine,

« parvenir à donner le moindre doute à ces « gens-ci sur vos sentiments? Lorsqu'ils vous « décrètent une maison militaire et une maison « civile, semblable au jeune Achille parmi les « filles de Lycomède, vous saisissez avec em- « pressement le sabre pour dédaigner de sim- « ples ornements*. » Les ministres et Bertrand lui-même insistèrent de leur côté dans le même sens que Barnave, mais ils ne purent réussir; et la composition de la maison civile fut abandonnée.

La maison militaire, formée sur un plan proposé par Delessart, avait été composée d'un tiers de troupes de ligne, et de deux tiers de jeunes citoyens, choisis dans les gardes nationales. Cette composition devait paraître rassurante. Mais les officiers et les soldats de ligne avaient été choisis de manière à alarmer les patriotes. Coalisés contre les jeunes gens pris dans les gardes nationales, ils les abreuvaient de dégoûts, et même les forçaient à se retirer pour la plupart. Les démissionnaires étaient bientôt remplacés par des hommes sûrs. Enfin le nombre de ces gardes avait été singulièrement augmenté, car au lieu de dix-huit cents hommes fixés par la loi, il s'élevait, dit-on, à

* Mémoires de Mme Campan, tome II, page 154.

près de six mille. Dumouriez en avait averti le roi, qui répondait sans cesse que le vieux duc de Brissac, chef de cette troupe, ne pouvait pas être regardé comme un conspirateur. Cependant la conduite de la nouvelle garde était telle au château et ailleurs, que les soupçons éclatèrent de toutes parts, et que les clubs s'en occupèrent. A la même époque, douze Suisses arborèrent la cocarde blanche à Neuilly; des dépôts considérables de papier furent brûlés à Sèvres*, et firent naître de graves soupçons. L'alarme devint alors générale; l'assemblée se déclara en permanence, comme si elle s'était trouvée aux jours où trente mille hommes menaçaient Paris. Il est vrai cependant que les troubles étaient universels; que les prêtres insermentés excitaient le peuple dans les provinces méridionales, et abusaient du secret de la confession pour réveiller le fanatisme; que le concert des puissances était manifeste; que la Prusse allait se joindre à l'Autriche; que les armées étrangères devenaient menaçantes; et que les derniers désastres de Lille et de Mons remplissaient tous les esprits. Il est encore vrai que la puissance du peuple excite peu de confiance, qu'on n'y croit jamais

---

* Voyez la note 11 à la fin du volume.

avant qu'il l'ait exercée, et que la multitude irrégulière, si nombreuse qu'elle soit, ne saurait contre-balancer la force de six mille hommes armés et enrégimentés. L'assemblée se hâta donc de se déclarer en permanence *, et elle fit faire un rapport exact sur la composition de la maison militaire du roi, sur le nombre, le choix et la conduite de ceux qui la composaient. Après avoir constaté que la constitution se trouvait violée, elle rendit un décret de licenciement contre la garde, un autre d'accusation contre le duc de Brissac, et envoya ces deux décrets à la sanction. Le roi voulait d'abord apposer son *veto*. Dumouriez lui rappela le renvoi de ses gardes-du-corps, bien plus anciens à son service que sa nouvelle maison militaire, et l'engagea à renouveler un sacrifice bien moins difficile. Il lui fit voir d'ailleurs les véritables torts de sa garde, et obtint l'exécution du décret. Mais aussitôt il insista pour sa prompte recomposition, et le roi, soit qu'il revînt à sa première politique de paraître opprimé, soit qu'il comptât sur cette garde licenciée, à laquelle il conserva en secret ses appointements, refusa de la remplacer, et se trouva ainsi livré sans protection aux fureurs populaires.

* Séance du 28 mai.

La Gironde, désespérant de ses dispositions, poursuivit son attaque avec persévérance. Déjà elle avait rendu un nouveau décret contre les prêtres, pour suppléer à celui que le roi avait refusé de sanctionner. Les rapports se succédant sans interruption sur leur conduite factieuse, elle venait de les frapper de la déportation. La désignation des coupables étant difficile, et cette mesure, comme toutes celles de sûreté, reposant sur la suspicion, c'était en quelque sorte d'après la notoriété que les prêtres étaient atteints et déportés. Sur la dénonciation de vingt citoyens actifs, et sur l'approbation du directoire de district, le directoire de département prononçait la déportation : le prêtre condamné devait sortir du canton en vingt-quatre heures, du département en trois jours, et du royaume dans un mois. S'il était indigent, trois livres par jour lui étaient accordées jusqu'à la frontière. Cette loi sévère donnait la mesure de l'irritation croissante de l'assemblée *. Un autre décret suivit immédiatement celui-là. Le ministre Servan, sans en avoir reçu l'ordre du roi, et sans avoir consulté ses collègues, proposa, à l'occasion de la

---

* Ce décret est du 27 mai; le décret suivant, relatif au camp de 20,000 hommes, est du 8 juin.

prochaine fédération du 14 juillet, de former un camp de vingt mille fédérés, qui serait destiné à protéger l'assemblée et la capitale. Il est facile de concevoir avec quel empressement ce projet fut accueilli par la majorité de l'assemblée, composée de girondins. Dans le moment la puissance de ceux-ci était au comble. Ils gouvernaient l'assemblée, où les constitutionnels et les républicains étaient en minorité, et où les prétendus impartiaux n'étaient, comme de tout temps, que des indifférents, toujours plus soumis à mesure que la majorité devenait plus puissante. De plus, ils disposaient de Paris par le maire Pétion qui leur appartenait entièrement. Leur projet, par le moyen du camp proposé, était, sans ambition personnelle, mais par ambition de parti et d'opinion, de se rendre maîtres du roi, et de se prémunir contre ses intentions suspectes.

A peine la proposition de Servan fut connue, que Dumouriez lui demanda, en plein conseil et avec la plus grande force, à quel titre il avait fait une proposition pareille. Il répondit que c'était à titre d'individu. — « En ce cas, lui répliqua Dumouriez, il ne fallait pas mettre à côté du nom de Servan le titre de ministre de la guerre. » La dispute fut si vive que, sans la présence du roi, le sang aurait pu

couler dans le conseil. Servan offrit de retirer
sa motion; mais c'eût été inutile, car l'assemblée s'en était emparée, et le roi n'y aurait
gagné que de paraître exercer une violence sur
son ministre. Dumouriez s'y opposa donc; la
motion resta, et fut combattue par une pétition signée de huit mille gardes nationaux, qui
s'offensaient de ce qu'on semblait croire leur
service insuffisant pour protéger l'assemblée.
Néanmoins elle fut décrétée et portée au roi.
Il y avait ainsi deux décrets importants à sanctionner, et déjà on se doutait que le roi refuse-
rait son adhésion. On l'attendait là pour rendre
contre lui un arrêt définitif.

Dumouriez soutint en plein conseil que cette
mesure serait fatale au trône, mais surtout aux
girondins, parce que la nouvelle armée serait
formée sous l'influence des jacobins les plus
violents. Il ajouta néanmoins qu'elle devait être
adoptée par le roi, parce que, s'il refusait de
convoquer vingt mille hommes régulièrement
choisis, quarante mille se lèveraient spontanément et envahiraient la capitale. Dumouriez
assura d'ailleurs qu'il avait un moyen d'annu-
ler cette mesure, et qu'il le ferait connaître en
temps convenable. Il soutint aussi que le décret sur la déportation des prêtres devait être
sanctionné, parce qu'ils étaient coupables, et

que d'ailleurs la déportation les soustrairait aux fureurs de leurs adversaires. Louis XVI hésitait encore, et répondit qu'il y réfléchirait mieux. Dans le même conseil, Roland voulut lire, à la face du roi, une lettre qu'il lui avait déjà adressée, et dont par conséquent il était inutile de faire une lecture directe, puisque le roi la connaissait déjà. Cette lettre avait été résolue à l'instigation de Mme Roland, et rédigée par elle. On a vu qu'il avait été question d'en écrire une au nom de tous les ministres. Ceux-ci ayant refusé, Mme Roland avait insisté auprès de son mari, et ce dernier s'était décidé à faire la démarche en son nom. Vainement Duranthon, qui était faible, mais sage, lui objecta-t-il avec raison, que le ton de sa lettre, loin de persuader le roi, l'aigrirait contre des ministres qui jouissaient de la confiance publique, et qu'il en résulterait une rupture funeste entre le trône et le parti populaire. Roland s'opiniâtra d'après l'avis de sa femme et de ses amis. La Gironde en effet voulait une explication, et préférait une rupture à l'incertitude.

Roland lut donc cette lettre au roi, et lui fit essuyer en plein conseil les plus dures remontrances.

Voici cette lettre fameuse :

« Sire, l'état actuel de la France ne peut

« subsister long-temps; c'est un état de crise
« dont la violence atteint le plus haut degré;
« il faut qu'il se termine par un éclat qui doit
« intéresser votre majesté autant qu'il importe
« à tout l'empire.

« Honoré de votre confiance, et placé dans
« un poste où je vous dois la vérité, j'oserai la
« dire tout entière; c'est une obligation qui
« m'est imposée par vous-même.

« Les Français se sont donné une constitu-
« tion; elle a fait des mécontents et des re-
« belles : la majorité de la nation la veut main-
« tenir; elle a juré de la défendre au prix de
« son sang, et elle a vu avec joie la guerre,
« qui lui offrait un grand moyen de l'assurer.
« Cependant la minorité, soutenue pas des es-
« pérances, a réuni tous ses efforts pour em-
« porter l'avantage. De là cette lutte intestine
« contre les lois, cette anarchie dont gémissent
« les bons citoyens, et dont les malveillants
« ont bien soin de se prévaloir pour calomnier
« le nouveau régime; de là cette division par-
« tout répandue et partout excitée, car nulle
« part il n'existe d'indifférence : on veut ou le
« triomphe ou le changement de la constitu-
« tion; on agit pour la soutenir ou pour l'al-
« térer. Je m'abstiendrai d'examiner ce qu'elle
« est par elle-même pour considérer seule-

« ment ce que les circonstances exigent; et,
« me rendant étranger à la chose autant qu'il est
« possible, je chercherai ce que l'on peut atten-
« dre et ce qu'il convient de favoriser.

« Votre majesté jouissait de grandes préroga-
« tives, qu'elle croyait appartenir à la royauté;
« élevée dans l'idée de les conserver, elle n'a
« pu se les voir enlever avec plaisir : le désir
« de les faire rendre était aussi naturel que le
« regret de les voir anéantir. Ces sentiments,
« qui tiennent à la nature du cœur humain,
« ont dû entrer dans le calcul des ennemis de
« la révolution; ils ont donc compté sur une
« faveur secrète jusqu'à ce que les circons-
« tances permissent une protection déclarée.
« Ces dispositions ne pouvaient échapper à la
« nation elle-même, et elles ont dû la tenir en
« défiance.

« Votre majesté a donc été constamment
« dans l'alternative de céder à ses premières
« habitudes, à ses affections particulières, ou
« de faire des sacrifices dictés par la philoso-
« phie, exigés par la nécessité; par conséquent
« d'enhardir les rebelles en inquiétant la na-
« tion, ou d'apaiser celle-ci en vous unissant à
« elle. Tout a son temps, et celui de l'incer-
« titude est enfin arrivé.

« Votre majesté peut-elle aujourd'hui s'allier

« ouvertement avec ceux qui prétendent ré-
« former la constitution, ou doit-elle géné-
« reusement se dévouer sans réserve à la faire
« triompher? Telle est la véritable question
« dont l'état actuel des choses rend la solution
« inévitable : quant à celle, très-métaphysique,
« de savoir si les Français sont mûrs pour la
« liberté, sa discussion ne fait rien ici, car il
« ne s'agit point de juger ce que nous serons
« devenus dans un siècle, mais de voir ce dont
« est capable la génération présente.

« Au milieu des agitations dans lesquelles
« nous vivons depuis quatre ans, qu'est-il ar-
« rivé? Des priviléges onéreux pour le peuple
« ont été abolis ; les idées de justice et d'éga-
« lité se sont universellement répandues ; elles
« ont pénétré partout ; l'opinion des droits du
« peuple a justifié le sentiment de ses droits ;
« la reconnaissance de ceux-ci, faite solennel-
« lement, est devenue une doctrine sacrée ; la
« haine de la noblesse, inspirée depuis long-
« temps par la féodalité, s'est exaspérée par
« l'opposition manifeste de la plupart des no-
« bles à la constitution, qui la détruit.

« Durant la première année de la révolution,
« le peuple voyait dans ces nobles des hommes
« odieux par les priviléges oppresseurs dont
« ils avaient joui, mais qu'il aurait cessé de

« haïr après la destruction de ces priviléges, si
« la conduite de la noblesse depuis cette épo-
« que n'avait fortifié toutes les raisons possi-
« bles de la redouter et de la combattre comme
« une irréconciliable ennemie.

« L'attachement pour la constitution s'est
« accru dans la même proportion; non-seule-
« ment le peuple lui devait des bienfaits sen-
« sibles, mais il a jugé qu'elle lui en préparait
« de plus grands, puisque ceux qui étaient ha-
« bitués à lui faire supporter toutes les charges
« chercheraient si puissamment à la détruire
« ou à la modifier.

« La déclaration des droits est devenue un
« évangile politique, et la constitution fran-
« çaise une religion pour laquelle le peuple
« est prêt à périr.

« Aussi le zèle a-t-il été déjà quelquefois
« jusqu'à suppléer à la loi, et lorsque celle-ci
« n'était pas assez réprimante pour contenir
« les perturbateurs, les citoyens se sont permis
« de les punir eux-mêmes.

« C'est ainsi que des propriétés d'émigrés
« ont été exposées aux ravages qu'inspirait
« la vengeance; c'est pourquoi tant de départe-
« ments se sont crus forcés de sévir contre les
« prêtres que l'opinion avait proscrits, et dont
« elle aurait fait des victimes.

« Dans ce choc des intérêts, tous les senti-
« ments ont pris l'accent de la passion. La pa-
« trie n'est point un mot que l'imagination se
« soit complu d'embellir; c'est un être auquel
« on a fait des sacrifices, à qui l'on s'attache
« chaque jour davantage par les sollicitudes
« qu'il cause, qu'on a créé par de grands ef-
« forts, qui s'élève au milieu des inquiétudes,
« et qu'on aime par tout ce qu'il coûte autant
« que par ce qu'on en espère; toutes les attein-
« tes qu'on lui porte sont des moyens d'enflam-
« mer l'enthousiasme pour elle. A quel point
« cet enthousiasme va-t-il monter, à l'instant
« où les forces ennemies réunies au dehors
« se concertent avec les intrigues intérieures
« pour porter les coups les plus funestes! La
« fermentation est extrême dans toutes les
« parties de l'empire; elle éclatera d'une ma-
« nière terrible, à moins qu'une confiance rai-
« sonnée dans les intentions de votre majesté
« ne puisse enfin la calmer : mais cette con-
« fiance ne s'établira pas sur des protestations;
« elle ne saurait plus avoir pour base que des
« faits.

« Il est évident pour la nation française que
« sa constitution peut marcher, que le gou-
« vernement aura toute la force qui lui est
« nécessaire du moment où votre majesté,

« voulant absolument le triomphe de cette
« constitution, soutiendra le corps législatif de
« toute la puissance de l'exécution, ôtera tout
« prétexte aux inquiétudes du peuple, et tout
« espoir aux mécontents.

« Par exemple, deux décrets importants ont
« été rendus; tous deux intéressent essentiel-
« lement la tranquillité publique et le salut de
« l'état : le retard de leur sanction inspire des
« défiances; s'il est prolongé, il causera du
« mécontentement, et, je dois le dire, dans
« l'effervescence actuelle des esprits, les mé-
« contentements peuvent mener à tout.

« Il n'est plus temps de reculer; il n'y a
« même plus de moyen de temporiser : la ré-
« volution est faite dans les esprits; elle s'a-
« chèvera au prix du sang, et sera cimentée
« par lui, si la sagesse ne prévient pas les mal-
« heurs qu'il est encore possible d'éviter.

« Je sais qu'on peut imaginer tout opérer et
« tout contenir par des mesures extrêmes;
« mais quand on aurait déployé la force pour
« contraindre l'assemblée, quand on aurait
« répandu l'effroi dans Paris, la division et la
« stupeur dans ses environs, toute la France
« se lèverait avec indignation, et, se déchirant
« elle-même dans les horreurs d'une guerre
« civile, développerait cette sombre énergie,

« mère des vertus et des crimes, toujours fu-
« neste à ceux qui l'ont provoquée.

« Le salut de l'état et le bonheur de votre
« majesté sont intimement liés; aucune puis-
« sance n'est capable de les séparer : de cruelles
« angoisses et des malheurs certains environ-
« neront votre trône, s'il n'est appuyé par vous-
« même sur les bases de la constitution, et
« affermi dans la paix que son maintien doit
« enfin nous procurer. Ainsi la disposition des
« esprits, le cours des choses, les raisons de la
« politique, l'intérêt de votre majesté, rendent
« indispensable l'obligation de s'unir au corps
« législatif et de répondre au vœu de la nation;
« ils font une nécessité de ce que les principes
« présentent comme devoir. Mais la sensibilité
« naturelle à ce peuple affectueux est prête à
« y trouver un motif de reconnaissance. On
« vous a cruellement trompé, sire, quand on
« vous a inspiré de l'éloignement ou de la mé-
« fiance pour ce peuple facile à toucher. C'est
« en vous inquiétant perpétuellement qu'on
« vous a porté à une conduite propre à l'alar-
« mer lui-même : qu'il voie que vous êtes ré-
« solu à faire marcher cette constitution, à la-
« quelle il a attaché sa félicité, et bientôt vous
« deviendrez le sujet de ses actions de graces!

« La conduite des prêtres en beaucoup d'en-

« droits, les prétextes que fournissait le fana-
« tisme aux mécontents, ont fait porter une loi
« sage contre les perturbateurs : que votre ma-
« jesté lui donne sa sanction; la tranquillité
« publique la réclame, et le salut des prêtres
« la sollicite. Si cette loi n'est mise en vigueur,
« les départements seront forcés de lui subs-
« tituer, comme ils font de toutes parts, des
« mesures violentes, et le peuple irrité y sup-
« pléera par des excès.

« Les tentatives de nos ennemis, les agita-
« tions qui se sont manifestées dans la capitale,
« l'extrême inquiétude qu'avait excitée la con-
« duite de votre garde, et qu'entretiennent
« encore les témoignages de satisfaction qu'on
« lui a fait donner par votre majesté, par une
« proclamation vraiment impolitique dans les
« circonstances; la situation de Paris, sa proxi-
« mité des frontières, ont fait sentir le besoin
« d'un camp dans son voisinage : cette mesure,
« dont la sagesse et l'urgence ont frappé tous
« les bons esprits, n'attend encore que la sanc-
« tion de votre majesté; pourquoi faut-il que
« des retards lui donnent l'air du regret, lors-
« que la célérité lui mériterait la reconnaissance?

« Déja les tentatives de l'état-major de la
« garde nationale parisienne contre cette me-
« sure, ont fait soupçonner qu'il agissait par

« une inspiration supérieure; déjà les décla-
« mations de quelques démagogistes outrés ré-
« veillent les soupçons de leurs rapports avec
« les intéressés au renversement de la constitu-
« tion ; déjà l'opinion publique compromet les
« intentions de votre majesté : encore quelque
« délai, et le peuple contristé croira apercevoir
« dans son roi l'ami et le complice des conspi-
« rateurs.

« Juste ciel! auriez-vous frappé d'aveugle-
« ment les puissances de la terre, et n'au-
« ront-elles jamais que des conseils qui les
« entraîneront à leur ruine!

« Je sais que le langage austère de la vérité
« est rarement accueilli près du trône; je sais
« aussi que c'est parce qu'il ne s'y fait presque
« jamais entendre, que les révolutions devien-
« nent nécessaires ; je sais surtout que je dois
« le tenir à votre majesté, non seulement
« comme citoyen soumis aux lois, mais comme
« ministre honoré de sa confiance, ou revêtu
« de fonctions qui la supposent; et je ne con-
« nais rien qui puisse m'empêcher de remplir
« un devoir dont j'ai la conscience.

« C'est dans le même esprit que je réitérerai
« mes représentations à votre majesté sur l'obli-
« gation et l'utilité d'exécuter la loi qui pres-
« crit d'avoir un secrétaire au conseil. La seule

« existence de la loi parle si puissamment, que
« l'exécution semblerait devoir suivre sans re-
« tardement ; mais il importe d'employer tous
« les moyens de conserver aux délibérations,
« la gravité, la sagesse, la maturité nécessaires ;
« et pour les ministres responsables, il faut un
« moyen de constater leurs opinions : si celui-là
« eût existé, je ne m'adresserais pas par écrit
« en ce moment à votre majesté.

« La vie n'est rien pour l'homme qui estime
« ses devoirs au-dessus de tout ; mais, après
« le bonheur de les avoir remplis, le seul bien
« auquel il soit encore sensible est celui de
« penser qu'il l'a fait avec fidélité, et cela même
« est une obligation pour l'homme public.

« Paris, 10 juin 1792, l'an IV de la liberté.

« Signé ROLAND. »

Le roi écouta cette lecture avec une patience extrême, et sortit en disant qu'il ferait connaître ses intentions.

Dumouriez fut appelé au château. Le roi et la reine étaient réunis. « Devons-nous, dirent-ils, supporter plus long-temps l'insolence de ces trois ministres ? — Non, répondit Dumouriez. — Vous chargez-vous de nous en délivrer ? reprit le roi. — Oui, sire, ajouta encore le hardi ministre ; mais il faut pour y réussir que votre majesté consente à une condition. Je suis dépopularisé, je vais l'être davantage en renvoyant trois collègues, chefs d'un parti puissant. Il n'y a qu'un moyen de persuader au public qu'ils ne sont pas renvoyés à cause de leur patriotisme. — Lequel? demanda le roi. — C'est, répondit Dumouriez, de sanctionner les deux décrets; » et il répéta les raisons qu'il avait déjà données en plein conseil. La reine s'écria que la condition était trop dure; mais Dumouriez s'efforça de lui faire entendre que les vingt mille hommes n'étaient pas à redouter; que le décret ne désignait pas le lieu où l'on devait les faire camper; qu'on pourrait, par exemple, les envoyer à Soissons : que là, on les occuperait à des exercices militaires, et qu'on les acheminerait ensuite peu à peu aux armées, lorsque le besoin s'en ferait sentir. « Mais alors, dit le roi, il faut que vous soyez ministre de la guerre. — Malgré la responsabilité, j'y consens, répondit Dumouriez; mais il faut que votre majesté sanctionne le décret contre les prêtres; je ne puis la servir qu'à ce prix. Ce décret, loin de nuire aux ecclésiastiques, les soustraira aux fureurs populaires; il fallait que votre majesté s'opposât au premier décret de l'assemblée constituante, qui ordonnait le serment; maintenant elle ne peut plus reculer. — J'eus tort alors, s'écria Louis XVI; je ne dois pas avoir tort encore une fois. » La reine, qui ne partageait pas les scrupules religieux de son époux, s'unit à Dumouriez, et, pour un instant, le roi parut donner son adhésion.

Dumouriez lui indiqua les nouveaux ministres à nommer à la place de Servan, Clavière et Roland. C'étaient Mourgues pour l'intérieur, Beaulieu pour les finances. La guerre était confiée à Dumouriez, qui, pour le moment, réunissait deux ministères, en attendant que celui des affaires étrangères fût occupé. L'ordonnance fut aussitôt rendue, et, le 13 juin, Roland, Clavière et Servan reçurent leur démission officielle. Roland, qui avait toute la force nécessaire pour exécuter ce que l'esprit hardi de sa femme pouvait concevoir, se rendit aussitôt à l'assemblée, et fit lecture de la lettre qu'il avait écrite au roi, et pour laquelle il était renvoyé. Cette démarche était certainement permise, une fois les hostilités déclarées; mais après la promesse faite au roi de tenir la lettre secrète, il était peu généreux de la lire publiquement.

L'assemblée accueillit avec les plus grands applaudissements la lecture de Roland, ordonna que sa lettre fût imprimée et envoyée aux quatre-vingt-trois départements; elle déclara de plus que les trois ministres disgraciés emportaient la confiance de la nation. C'est dans ce moment même que Dumouriez, sans s'intimider, osa paraître à la tribune, avec son nouveau titre de ministre de la guerre. Il avait préparé en toute hâte un rapport circonstancié sur l'état de l'armée, sur les fautes de l'administration et de l'assemblée. Il n'épargna pas la sévérité à ceux qu'il savait disposés à lui faire le plus mauvais accueil. A peine parut-il, que les huées lui furent prodiguées par les jacobins; les feuillants observèrent le plus profond silence. Il rendit compte d'abord d'un léger avantage remporté par Lafayette, et de la mort de Gouvion qui, officier, député, et homme de bien désespéré des malheurs de la patrie, avait volontairement cherché la mort. L'assemblée donna des regrets à la perte de ce généreux citoyen; elle écouta froidement ceux de Dumouriez, et surtout le désir qu'il exprima d'échapper aux mêmes calamités par le même sort. Mais quand il annonça son rapport comme ministre de la guerre, le refus d'écouter fut manifesté de toutes parts. Il réclama froidement la parole, et finit par obtenir le silence. Ses remontrances irritèrent quelques députés : « L'entendez-vous? s'écria Guadet, il nous donne des leçons! — Et pourquoi pas? répliqua tranquillement l'intrépide Dumouriez. » Le calme se rétablit ; il acheva sa lecture, et fut tour à tour hué et applaudi. A peine eut-il fini, qu'il replia son mémoire pour l'emporter. « Il fuit ! s'écriat-on. — Non ! reprit-il, » et il remit hardiment son mémoire sur le bureau, le signa avec assurance, et traversa l'assemblée avec un calme imperturbable. Comme on se pressait sur son passage, des députés lui dirent : « Vous allez être envoyé à Orléans. — Tant mieux, répondit-il: j'y prendrai des bains et du petit-lait, dont j'ai besoin, et je me reposerai. »

Sa fermeté rassura le roi, qui lui en témoigna sa satisfaction; mais le malheureux prince était déjà ébranlé, et tourmenté de scrupules. Assiégé par de faux amis, il était déjà revenu sur ses déterminations, et ne voulait plus sanctionner les deux décrets.

Les quatre ministres réunis en conseil supplièrent le roi de donner sa double sanction, comme il semblait l'avoir promis. Le roi répondit sèchement qu'il ne pouvait consentir qu'au décret des vingt mille hommes; que quant à celui des prêtres, il était décidé à s'y opposer; que son parti était pris, et que les menaces ne pourraient l'effrayer. Il lut la lettre par laquelle il annonçait sa détermination au président de l'assemblée. « L'un de vous, dit-il à ses ministres, la contre-signera; » et il prononça ces paroles d'un ton qu'on ne lui avait jamais connu.

Dumouriez alors lui écrivit pour lui demander sa démission. « Cet homme, s'écria le roi, m'a fait renvoyer trois ministres parce qu'ils voulaient m'obliger à adopter les décrets, et il veut maintenant que je les sanctionne ! » Ce reproche était injuste, car ce n'était qu'à la condition de la double sanction que Dumouriez avait consenti à survivre à ses collègues. Louis XVI le vit, lui demanda s'il persistait. Dumouriez fut inébranlable. « En ce cas, lui dit le roi, j'accepte votre démission. » Tous les ministres l'avaient donnée aussi. Cependant le roi retint Lacoste et Duranthon, et les contraignit de rester. MM. Lajard, Chambonas et Terrier de Mont-Ciel, pris parmi les feuillants, occupèrent les ministères vacants.

« Le roi, dit Mme Campan, tomba à cette
« époque dans un découragement qui allait
« jusqu'à l'abattement physique. Il fut dix jours
« de suite sans articuler un mot, même au
« sein de sa famille, si ce n'est qu'à une partie
« de trictrac qu'il faisait avec madame Élisabeth
« après son dîner, il était obligé de prononcer
« les mots indispensables à ce jeu. La reine le

8.

« tira de cette position, si funeste dans un état
« de crise où chaque minute amenait la néces-
« sité d'agir, en se jetant à ses pieds, en em-
« ployant tantôt des images faites pour l'ef-
« frayer, tantôt les expressions de sa tendresse
« pour lui. Elle réclamait aussi celle qu'il devait
« à sa famille, et alla jusqu'à lui dire que, s'il
« fallait périr, ce devait être avec honneur, et
« sans attendre qu'on vînt les étouffer l'un et
« l'autre sur le parquet de leur appartement*. »

Il est facile de présumer quelles durent être les dispositions d'esprit de Louis XVI en revenant à lui-même et au soin des affaires. Après avoir abandonné une fois le parti des feuillants pour se jeter vers celui des girondins, il ne pouvait revenir aux premiers avec beaucoup de goût et d'espoir. Il avait fait la double expérience de son incompatibilité avec les uns et les autres, et, ce qui était plus fâcheux, il la leur avait fait faire à tous. Dès lors il dut plus que jamais songer à l'étranger, et y mettre toutes ses espérances. Cette pensée devint évidente pour tout le monde, et alarma ceux qui voyaient dans l'envahissement de la France la chute de la liberté, le supplice de ses défenseurs, et peut-être le partage ou le démembre-

* Voyez Mᵐᵉ Campan, tome II, page 205.

ment du royaume. Louis XVI n'y voyait pas cela, car on se dissimule toujours l'inconvénient de ce qu'on désire. Épouvanté du tumulte produit par la déroute de Mons et de Tournay, il avait envoyé Mallet-du-Pan en Allemagne avec des instructions écrites de sa main. Il y recommandait aux souverains de s'avancer avec précaution, d'observer les plus grands ménagements envers les habitants des provinces qu'ils traverseraient, et de se faire précéder par un manifeste dans lequel ils attesteraient leurs intentions pacifiques et conciliatrices*. Quelque modéré que fût ce projet, cependant ce n'en était pas moins l'invitation de s'avancer dans le pays; et d'ailleurs, si tel était le vœu du roi, celui des princes étrangers et rivaux de la France, celui des émigrés courroucés, était-il le même? Louis XVI était-il assuré de n'être pas entraîné au-delà de ses intentions? Les ministres de Prusse et d'Autriche témoignèrent eux-mêmes à Mallet-du-Pan les méfiances que leur inspirait l'emportement de l'émigration, et il paraît qu'il eut quelque peine à les rassurer à cet égard**. La reine s'en défiait tout autant; elle redoutait surtout Calonne comme le plus dan-

* Voyez la note 12 à la fin du volume.
** Voyez la note 13 à la fin du volume.

gereux de ses ennemis*; mais elle n'en conjurait pas moins sa famille d'agir avec la plus grande célérité pour sa délivrance. Dès cet instant, le parti populaire dut regarder la cour comme un ennemi d'autant plus à craindre qu'il disposait de toutes les forces de l'état; et le combat qui s'engageait devint un combat à mort. Le roi, en composant son nouveau ministère, ne choisit aucun homme prononcé. Dans l'attente de sa prochaine délivrance, il ne songeait qu'à passer quelques jours encore, et il lui suffisait pour cela du ministère le plus insignifiant.

Les feuillants cherchèrent à profiter de l'occasion pour se rattacher à la cour, moins, il faut le dire, par ambition personnelle de parti, que par intérêt pour le roi. Ils ne comptaient nullement sur l'invasion; ils y voyaient pour la plupart un attentat, et de plus un péril aussi grand pour la cour que pour la nation. Ils prévoyaient avec raison que le roi aurait succombé avant que les secours pussent arriver; et, après l'invasion, ils redoutaient des vengeances atroces, peut-être le démembrement du territoire, et certainement l'abolition de toute liberté.

Lally-Tolendal, qu'on a vu quitter la France

---

* Note 14 à la fin du volume.

dès que les deux chambres furent devenues impossibles; Malouet, qui les avait encore essayées lors de la révision; Duport, Lameth, Lafayette et autres, qui voulaient conserver ce qui était, se réunirent pour tenter un dernier effort. Ce parti, comme tous les partis, n'était pas très-d'accord avec lui-même, mais il se réunissait dans une seule vue, celle de sauver le roi de ses fautes, et de sauver la constitution avec lui. Tout parti obligé d'agir dans l'ombre est réduit à des démarches qu'on appelle intrigues, quand elles ne sont pas heureuses. En ce sens les feuillants intriguèrent. Dès qu'ils virent le renvoi de Servan, Clavière et Roland, opéré par Dumouriez, ils se rapprochèrent de celui-ci, et lui proposèrent leur alliance, à condition qu'il signerait le *veto* contre le décret sur les prêtres. Dumouriez, peut-être par humeur, peut-être par défaut de confiance dans leurs moyens, et sans doute aussi par l'engagement qu'il avait pris de faire sanctionner le décret, refusa cette alliance, et se rendit à l'armée, avec le désir, écrivait-il à l'assemblée, qu'un coup de canon réunît toutes les opinions sur son compte.

Il restait aux feuillants Lafayette, qui, sans prendre part à leurs secrètes menées, avait partagé leurs mauvaises dispositions contre Dumouriez, et voulait surtout sauver le roi, sans altérer la constitution. Leurs moyens étaient faibles. D'abord la cour, qu'ils cherchaient à sauver, ne voulait pas l'être par eux. La reine, qui se confiait volontiers en Barnave, avait toujours employé les plus grandes précautions pour le voir, et ne l'avait jamais reçu qu'en secret. Les émigrés et la cour ne lui eussent pas pardonné de voir les constitutionnels. On lui recommandait en effet de ne point traiter avec eux, et de leur préférer plutôt les jacobins, parce que, disait-on, il faudrait transiger avec les premiers, et qu'on ne serait tenu à rien envers les seconds*. Qu'on ajoute à ces conseils, souvent répétés, la haine personnelle de la reine pour Lafayette, et on comprendra combien la cour était peu disposée à se laisser servir par les constitutionnels ou les feuillants. Outre ces répugnances de la cour à leur égard, il faut considérer encore la faiblesse des moyens qu'ils pouvaient employer contre le parti populaire. Lafayette, il est vrai, était adoré de ses soldats, et devait compter sur son armée; mais il avait l'ennemi en tête, et il ne pouvait découvrir la frontière pour se porter vers l'intérieur. Le vieux Luckner, sur lequel

* Voyez la note 15 à la fin du volume.

il s'appuyait, était faible, mobile, et facile à intimider, quoique fort brave sur les champs de bataille. Mais en comptant même sur leurs moyens militaires, les constitutionnels n'avaient aucuns moyens civils. La majorité de l'assemblée était à la Gironde. La garde nationale leur était dévouée en partie, mais elle était désunie et presque désorganisée. Les constitutionnels étaient donc réduits, pour user de leurs forces militaires, à marcher de la frontière sur Paris, c'est-à-dire à tenter une insurrection contre l'assemblée; et les insurrections, excellentes pour un parti violent qui prend l'offensive, sont funestes et inconvenantes pour un parti modéré qui résiste en s'appuyant sur les lois.

Cependant on entoura Lafayette et on concerta avec lui le projet d'une lettre à l'assemblée. Cette lettre, écrite en son nom, devait exprimer ses sentiments envers le roi et la constitution, et sa désapprobation contre tout ce qui tendait à attaquer l'un ou l'autre. Ses amis étaient partagés; les uns excitaient, les autres retenaient son zèle. Mais, ne songeant qu'à ce qui pouvait servir le roi auquel il avait juré fidélité, il écrivit la lettre, et brava tous les dangers qui allaient menacer sa tête. Le roi et la reine, quoique résolus à ne pas se servir de lui, le laissèrent écrire, parce qu'ils ne voyaient dans cette démarche qu'un échange de reproches entre les amis de la liberté. La lettre arriva à l'assemblée le 18 juin. Lafayette, après avoir, en débutant, blâmé la conduite du dernier ministre, qu'il voulait, disait-il, dénoncer au moment où il avait appris son renvoi, continuait en ces termes :

« Ce n'est pas assez que cette branche du « gouvernement soit délivrée d'une funeste in- « fluence; la chose publique est en péril, le « sort de la France repose principalement sur « ses représentants; la nation attend d'eux son « salut; mais, en se donnant une constitution, « elle leur a prescrit l'unique route par laquelle « ils doivent la sauver. »

Protestant ensuite de son inviolable attachement pour la loi jurée, il exposait l'état de la France, qu'il voyait placée entre deux espèces d'ennemis, ceux du dehors et ceux du dedans.

« Il faut détruire les uns et les autres; mais « vous n'en aurez la puissance qu'autant que « vous serez constitutionnels et justes... Regar- « dez autour de vous... pouvez-vous vous dissi- « muler qu'une faction, et, pour éviter toute « dénomination vague, que la faction jacobite « a causé tous les désordres? C'est elle que j'en « accuse hautement! Organisée comme un em- « pire à part, dans sa métropole et dans ses

« affiliations, aveuglément dirigée par quelques
« chefs ambitieux, cette secte forme une corpo-
« ration distincte au milieu du peuple français,
« dont elle usurpe les pouvoirs en subjuguant
« ses représentants et ses mandataires.

« C'est là que, dans les séances publiques,
« l'amour des lois se nomme aristocratie, et
« leur infraction patriotisme; là, les assassins
« de Desilles reçoivent des triomphes; les crimes
« de Jourdan trouvent des panégyristes; là, le
« récit de l'assassinat qui a souillé la ville de
« Metz vient encore d'exciter d'infernales ac-
« clamations!

« Croira-t-on échapper à ces reproches en
« se targuant d'un manifeste autrichien, où
« ces sectaires sont nommés? Sont-ils devenus
« sacrés parce que Léopold a prononcé leur
« nom? et parce que nous devons combattre
« les étrangers qui s'immiscent dans nos que-
« relles, sommes-nous dispensés de délivrer
« notre patrie d'une tyrannie domestique? »

Rappelant ensuite ses anciens services pour
la liberté, énumérant les garanties qu'il avait
données à la patrie, le général répondait de
lui et de son armée, et déclarait que la nation
française, si elle n'était pas la plus vile de
l'univers, pouvait et devait résister à la conjuration des rois qui s'étaient coalisés contre

elle! « Mais, ajouta-t-il, pour que nous, sol-
« dats de la liberté, combattions avec efficacité
« et mourions avec fruit pour elle, il faut que
« le nombre des défenseurs de la patrie soit
« promptement proportionné à celui de ses
« adversaires, que les approvisionnements de
« tout genre se multiplient et facilitent nos
« mouvements; que le bien-être des troupes,
« leurs fournitures, leurs paiements, les soins
« relatifs à leur santé, ne soient plus soumis à
« de fatales lenteurs..... etc. » Suivaient d'autres
conseils dont voici le principal et le dernier :
« Que le règne des clubs, anéanti par vous,
« fasse place au règne de la loi, leurs usurpa-
« tions à l'exercice ferme et indépendant des
« autorités constituées, leurs maximes désor-
« ganisatrices aux vrais principes de la liberté,
« leur fureur délirante au courage calme et
« constant d'une nation qui connaît ses droits
« et les défend, enfin leurs combinaisons sec-
« taires aux véritables intérêts de la patrie,
« qui, dans ce moment de danger, doit réunir
« tous ceux pour qui son asservissement et sa
« ruine ne sont pas les objets d'une atroce
« jouissance et d'une infame spéculation! »

C'était dire aux passions irritées, arrêtez-
vous; aux partis eux-mêmes, immolez-vous de
plein gré; à un torrent enfin, ne coulez pas!

Mais, quoique le conseil fût inutile, ce n'en était pas moins un devoir de le donner. La lettre fut fort applaudie par le côté droit. Le côté gauche se tut. A peine la lecture en était-elle achevée, qu'il était déjà question de l'impression et de l'envoi aux départements.

Vergniaud demanda la parole et l'obtint. Selon lui, il importait à la liberté, que M. de Lafayette avait jusque-là si bien défendue, qu'on fît une distinction entre les pétitions des simples citoyens qui donnaient un avis ou réclamaient un acte de justice, et les leçons d'un général armé. Celui-ci ne devait s'exprimer que par l'organe du ministère, sans quoi la liberté était perdue. Il fallait en conséquence passer à l'ordre du jour. Thevenot répondit que l'assemblée devait recevoir de la bouche de M. de Lafayette les vérités qu'elle n'avait pas osé se dire à elle-même. Cette dernière observation excita un grand tumulte. Quelques membres nièrent l'authenticité de la lettre. « Quand elle ne serait pas signée, s'écria M. Coubé, il n'y a que M. de Lafayette qui ait pu l'écrire. » Guadet demanda la parole pour un fait, et soutint que la lettre ne pouvait pas être de M. de Lafayette, parce qu'il parlait de la démission de Dumouriez, qui n'avait eu lieu que le 16, et qu'elle était datée

du 16 même. « Il serait donc impossible, ajoute-
« t-il, que le signataire parlât d'un fait qui ne
« devait pas lui être connu. Ou la signature
« n'est pas de lui, ou elle était ici en blanc,
« à la disposition d'une faction qui devait en
« disposer à son gré. » Il se fit une grande
rumeur à ces mots. Guadet continuant, ajouta
que M. de Lafayette était incapable, d'après
ses sentiments connus, d'avoir écrit une lettre
pareille. — Il doit savoir, dit-il, que lorsque
Cromwell... — Le député Dumas, ne pouvant
plus se contenir à ce dernier mot, demande
la parole; une longue agitation éclate dans
l'assemblée. Néanmoins Guadet se ressaisit de
la tribune, et reprend : Je disais... On l'inter-
rompt de nouveau. — Vous en étiez, lui dit-on,
à Cromwell... — « J'y reviendrai, réplique-t-il...
Je disais que M. de Lafayette doit savoir que
lorsque Cromwell tenait un langage pareil,
la liberté était perdue en Angleterre. Il faut
ou s'assurer qu'un lâche s'est couvert du nom
de M. de Lafayette, ou bien prouver par un
grand exemple au peuple français, que vous
n'avez pas fait un vain serment, en jurant de
maintenir la constitution. »

Une foule de membres attestent qu'ils re-
connaissent la signature de M. de Lafayette,
et, malgré cela, sa lettre est renvoyée au co-

mité des douze, pour en constater l'authenticité. Elle est ainsi privée de l'impression et de l'envoi aux départements.

Cette généreuse démarche fut donc tout-à-fait inutile, et devait l'être dans l'état des esprits. Dès cet instant le général fut presque aussi dépopularisé que la cour; et si les chefs de la Gironde, plus éclairés que le peuple, ne croyaient pas Lafayette capable de trahir son pays, parce qu'il avait attaqué les jacobins, la masse le croyait cependant, à force de l'entendre répéter dans les clubs, les journaux et les lieux publics.

Ainsi, aux alarmes que la cour avait inspirées au parti populaire, se joignirent celles que Lafayette provoqua par ses propres démarches. Alors ce parti désespéra tout-à-fait, et résolut de frapper la cour, avant qu'elle pût mettre à exécution les complots dont on l'accusait.

On a déjà vu comment le parti populaire était composé. En se prononçant davantage, il se caractérisait mieux, et de nouveaux personnages s'y faisaient remarquer. Robespierre s'est déjà fait connaître aux Jacobins, et Danton aux Cordeliers. Les clubs, la municipalité et les sections renfermaient beaucoup d'hommes qui, par l'ardeur de leur caractère et de leurs opinions, étaient prêts à tout entreprendre. De ce nombre étaient Sergent et Panis, qui plus tard attachèrent leur nom à un événement formidable. Dans les faubourgs on remarquait plusieurs chefs de bataillon qui s'étaient rendus redoutables; le principal d'entre eux était un brasseur de bière nommé Santerre. Par sa stature, sa voix, et une certaine facilité de langage, il plaisait au peuple, et avait acquis une espèce de domination dans le faubourg Saint-Antoine, dont il commandait le bataillon. Santerre s'était déja distingué à l'attaque de Vincennes, repoussée par Lafayette en fevrier 1791; et, comme tous les hommes trop faciles, il pouvait devenir très-dangereux selon les inspirations du moment. Il assistait à tous les conciliabules qui se tenaient dans les faubourgs éloignés. Là, se réunissaient avec lui le journaliste Carra, poursuivi pour avoir attaqué Bertrand de Molleville et Montmorin; un nommé Alexandre, commandant du faubourg Saint-Marceau; un individu très-connu sous le nom de Fournier l'Américain; le boucher Legendre, qui fut depuis député à la Convention; un compagnon orfèvre appelé Rossignol; et plusieurs autres qui, par leurs relations avec la populace, remuaient tous les faubourgs. Par les plus relevés d'entre eux, ils communiquaient avec les chefs du parti populaire, et pouvaient ainsi soumettre leurs mouvements à une direction supérieure.

On ne peut pas désigner d'une manière précise ceux des députés qui contribuaient à cette direction. Les plus distingués d'entre eux étaient étrangers à Paris, et n'y avaient d'autre influence que celle de leur éloquence. Guadet, Isnard, Vergniaud, tous provinciaux, communiquaient plus avec leurs départements qu'avec Paris même. D'ailleurs, très-ardents à la tribune, ils agissaient peu hors de l'assemblée, et n'étaient point capables de remuer la multitude. Condorcet, Brissot, députés de Paris, n'avaient pas plus d'activité que les précédents, et par leur conformité d'opinion avec les députés de l'Ouest et du Midi, ils étaient devenus Girondins. Roland, depuis le renvoi du ministère patriote, était rentré dans la vie privée; il habitait une demeure modeste et obscure dans la rue Saint-Jacques. Persuadé que la cour avait le projet de livrer la France et la liberté aux étrangers, il déplorait les malheurs de son pays avec quelques-uns de ses amis, députés à l'assemblée. Cependant il ne paraît pas que l'on travaillât dans sa société à attaquer la cour. Il favorisait seulement l'impression d'un journal-affiche, intitulé *la Sentinelle*, que Louvet, déja connu aux Jacobins par sa controverse avec Robespierre, rédigeait dans un sens tout patriotique. Roland, pendant son ministère, avait alloué des fonds pour éclairer l'opinion publique par des écrits, et c'est avec un reste de ces fonds qu'on imprimait *la Sentinelle*.

Vers cette époque, il y avait à Paris un jeune Marseillais plein d'ardeur, de courage et d'illusions républicaines, et qu'on nommait l'Antinoüs, tant il était beau; il avait été député par sa commune à l'assemblée législative, pour réclamer contre le directoire de son département; car ces divisions entre les autorités inférieures et supérieures, entre les municipalités et les directoires de département, étaient générales dans toute la France. Ce jeune Marseillais se nommait Barbaroux. Ayant de l'intelligence, beaucoup d'activité, il pouvait devenir utile à la cause populaire. Il vit Roland, et déplora avec lui les catastrophes dont les patriotes étaient menacés. Ils convinrent que le péril devenant tous les jours plus grand dans le nord de la France, il faudrait, si on était réduit à la dernière extrémité, se retirer dans le Midi, et y fonder une république, qu'on pourrait étendre un jour, comme Charles VII avait autrefois étendu son royaume de Bourges. Ils examinaient la carte avec l'ex-ministre Servan, et se disaient

que, battue sur le Rhin et au-delà, la liberté devait se retirer derrière les Vosges et la Loire; que, repoussée dans ces retranchements, il lui restait encore à l'est, le Doubs, l'Ain, le Rhône; à l'ouest la Vienne, la Dordogne; au centre, les rochers et les rivières du Limousin. « Plus
« loin encore, ajoute Barbaroux lui-même,
« nous avions l'Auvergne, ses buttes escarpées,
« ses ravins, ses vieilles forêts, et les montagnes
« du Velay, jadis embrasées par le feu, main-
« tenant couvertes de sapins; lieux sauvages où
« les hommes labourent la neige, mais où ils
« vivent indépendants. Les Cévennes nous of-
« fraient encore un asile trop célèbre pour
« n'être pas redoutable à la tyrannie; et à l'ex-
« trémité du Midi, nous trouvions pour bar-
« rières l'Isère, la Durance, le Rhône depuis
« Lyon jusqu'à la mer, les Alpes et les remparts
« de Toulon. Enfin, si tous ces points avaient
« été forcés, il nous restait la Corse, la Corse
« où les Génois et les Français n'ont pu natura-
« liser la tyrannie; qui n'attend que des bras
« pour être fertile, et des philosophes pour l'é-
« clairer *. »

Il était naturel que les habitants du Midi songeassent à se réfugier dans leurs provinces, si

---

* Mémoires de Barbaroux, pages 38 et 39.

le Nord était envahi. Ils ne négligeaient cependant pas le Nord, car ils convinrent d'écrire dans leurs départements, pour qu'on formât spontanément le camp de vingt mille hommes, bien que le décret relatif à ce camp n'eût pas été sanctionné. Ils comptaient beaucoup sur Marseille, ville riche, considérablement peuplée, et singulièrement démocratique. Elle avait envoyé Mirabeau aux états-généraux, et depuis elle avait répandu dans tout le Midi l'esprit dont elle était animée. Le maire de cette ville était ami de Barbaroux et partageait ses opinions. Barbaroux lui écrivit de s'approvisionner de grains, d'envoyer des hommes sûrs dans les départements voisins, ainsi qu'aux armées des Alpes, de l'Italie et des Pyrénées, afin d'y préparer l'opinion publique; de faire sonder Montesquiou, général de l'armée des Alpes, et d'utiliser son ambition au profit de la liberté; enfin de se concerter avec Paoli et les Corses, de manière à se préparer un dernier secours et un dernier asile. On recommanda en outre à ce même maire de retenir le produit des impôts pour en priver le pouvoir exécutif, et au besoin, pour en user contre lui. Ce que Barbaroux faisait pour Marseille, d'autres le faisaient pour leur département, et songeaient à s'assurer un refuge. Ainsi la méfiance changée en désespoir, préparait l'insurrection générale, et dans ces préparatifs de l'insurrection, une différence s'établissait déjà entre Paris et les départements.

Le maire Pétion, lié avec tous les Girondins, et plus tard, rangé et proscrit avec eux, se trouvait, à cause de ses fonctions, plus en rapport avec les agitateurs de Paris. Il avait beaucoup de calme, une apparence de froideur que ses ennemis prirent pour de la stupidité, et une probité qui fut exaltée par ses partisans, et que ses détracteurs n'ont jamais attaquée. Le peuple, qui donne des surnoms à tous ceux dont il s'occupe, l'appelait *la Vertu Pétion*. Nous avons déjà parlé de lui à l'occasion du voyage de Varennes, et de la préférence que la cour lui donna sur Lafayette, pour la mairie de Paris. La cour désira de le corrompre, et des escrocs promirent d'y réussir. Ils demandèrent une somme et la gardèrent pour eux, sans avoir même fait auprès de Pétion des ouvertures, que son caractère connu rendait impossibles. La joie qu'éprouva la cour de se donner un soutien, et de corrompre un magistrat populaire, fut de courte durée; elle reconnut bientôt qu'on l'avait trompée, et que les vertus de ses adversaires n'étaient pas aussi vénales qu'elle l'avait imaginé.

Pétion avait été des premiers à penser que les penchants d'un roi, né absolu, ne se modifient jamais. Il était républicain avant même que personne songeât à la république; et dans la constituante, il fut par conviction ce que Robespierre était par l'âcreté de son humeur. Sous la législative, il se convainquit davantage encore de l'incorrigibilité de la cour; il se persuada qu'elle appelait l'étranger, et ayant été d'abord républicain par système, il le devint alors par raison de sûreté. Dès cet instant, il songea, dit-il, à favoriser une nouvelle révolution. Il arrêtait les mouvements mal dirigés, favorisait au contraire ceux qui l'étaient bien, et tâchait surtout de les concilier avec la loi, dont il était rigide observateur, et qu'il ne voulait violer qu'à l'extrémité.

Sans bien connaître la participation de Pétion aux mouvements qui se préparaient, sans savoir s'il consulta ses amis de la Gironde pour les favoriser, on peut dire, d'après sa conduite, qu'il ne fit rien pour y mettre obstacle. On prétend que vers la fin de juin, il se rendit chez Santerre avec Robespierre, Manuel, procureur syndic de la commune, Sylleri, ex-constituant, et Chabot, ex-capucin et député; que celui-ci harangua la section des Quinze-Vingts, et lui dit que l'assemblée l'attendait. Quoiqu'il en soit de ces faits, il est certain qu'il fut tenu des conciliabules; et il n'est pas croyable, d'après leur opinion connue et leur conduite ultérieure, que les personnages qu'on vient de nommer se fissent un scrupule d'y assister *. Dès cet instant, on parla dans les faubourgs d'une fête pour le 20 juin, anniversaire du serment du Jeu de Paume. Il s'agissait, disait-on, de planter un arbre de la liberté sur la terrasse des Feuillants, et d'adresser une pétition à l'assemblée, ainsi qu'au roi. Cette pétition devait être présentée en armes. On voit assez par là, que l'intention véritable de ce projet était d'effrayer le château par la vue de quarante mille piques.

Le 16 juin, une demande formelle fut adressée au conseil général de la commune, pour autoriser les citoyens du faubourg Saint-Antoine à se réunir le 20 en armes, et à faire une pétition à l'assemblée et au roi. Le conseil général de la commune passa à l'ordre du jour, et ordonna que son arrêté serait communiqué au directoire et au corps municipal. Les pétitionnaires ne se tinrent pas pour condam[nés] et dirent hautement qu'ils ne s'en r[endraient] pas moins. Le maire Pétion ne fit [les] communications ordonnées le 1[

---

* Voyez la note 16 à la fin du vol[ume.

les fit qu'au département et point au corps municipal.

Le 19, le directoire du département, qu'on a vu se signaler dans toutes les occasions contre les agitateurs, prit un arrêté qui défendait les attroupements armés, et qui enjoignait au commandant général et au maire d'employer les mesures nécessaires pour les dissiper. Cet arrêté fut signifié à l'assemblée par le ministre de l'intérieur, et on y agita aussitôt la question de savoir si lecture en serait faite.

Vergniaud s'opposait à ce qu'on l'entendît; cependant il ne réussit point; la lecture fut faite, et immédiatement suivie de l'ordre du jour.

Deux événements assez importants venaient de se passer à l'assemblée. Le roi avait signifié son opposition aux deux décrets, dont l'un était relatif aux prêtres insermentés, et l'autre à l'établissement d'un camp de vingt mille hommes. Cette communication avait été écou-
avec un profond silence. En même temps
seillais s'étaient présentés à la barre
une pétition. On vient de voir
s Barbaroux entretenait avec
ses conseils, ils avaient écrit
rir toutes leurs forces, et
pétition destinée à l'as-

semblée. Ils y disaient entre autres choses :

« La liberté française est en danger, mais le
« patriotisme du Midi sauvera la France.....
« Le jour de la colère du peuple est arrivé.....
« Législateurs! la force du peuple est en vos
« mains; faites-en usage; le patriotisme fran-
« çais vous demande à marcher avec des forces
« plus imposantes vers la capitale et les fron-
« tières..... Vous ne refuserez pas l'autorisa-
« tion de la loi à ceux qui veulent périr pour la
« défendre. »

Cette lecture avait excité de longs débats
dans l'assemblée. Les membres du côté droit
soutenaient qu'envoyer cette pétition aux départements, c'était les inviter à l'insurrection.
Néanmoins, l'envoi fut décrété, malgré ces réflexions fort justes sans doute, mais inutiles
depuis qu'on s'était persuadé qu'une révolution
nouvelle pouvait seule sauver la France et la
liberté.

Tels furent les événements pendant la journée du 19. Les mouvements continuaient cependant dans les faubourgs, et Santerre, à ce
qu'on prétend, disait à ses affidés un peu intimidés par l'arrêté du directoire : *Que craignez-
vous? La garde nationale n'aura pas ordre de
tirer, et M. Pétion sera là.*

A minuit le maire, soit qu'il crût le mouvement irrésistible, soit qu'il crût devoir le favoriser, comme il fit plus tard au 10 août, écrivit au directoire, et lui demanda de légitimer l'attroupement, en permettant à la garde nationale de recevoir les citoyens des faubourgs dans ses rangs. Ce moyen remplissait parfaitement les vues de ceux qui, sans désirer aucun désordre, voulaient cependant imposer au roi; et tout prouve que c'étaient en effet les vues et de Pétion et des chefs populaires. Le directoire répondit à cinq heures du matin, 20 juin, qu'il persistait dans ses arrêtés précédents. Pétion alors ordonna au commandant général de service de tenir les postes au complet, et de doubler la garde des Tuileries; mais il ne fit rien de plus; et ne voulant ni renouveler la scène du Champ-de-Mars, ni dissiper l'attroupement, il attendit jusqu'à neuf heures du matin la réunion du corps municipal. Dans cette réunion, il laissa prendre une décision contraire à celle du directoire, et il fut enjoint à la garde nationale d'ouvrir ses rangs aux pétitionnaires armés. Pétion, en ne s'opposant pas à un arrêté qui violait la hiérarchie administrative, se mit par là dans une espèce de contravention, qui lui fut plus tard reprochée. Mais, quel que fût le caractère de cet arrêté, ses dispositions devinrent inutiles, car la garde nationale n'eut pas le temps de se former, et l'attroupement devint bientôt si considérable qu'il ne fut plus possible d'en changer ni la forme ni la direction.

Il était onze heures du matin. L'assemblée venait de se réunir dans l'attente d'un grand événement. Les membres du département se rendent dans son sein pour lui faire connaître l'inutilité de leurs efforts. Le procureur-syndic Rœderer obtient la parole; il expose qu'un rassemblement extraordinaire de citoyens s'est formé malgré la loi, et malgré diverses injonctions des autorités; que ce rassemblement paraît avoir pour objet de célébrer l'anniversaire du 20 juin, et de porter un nouveau tribut d'hommages à l'assemblée; mais que si tel est le but du plus grand nombre, il est à craindre que des malintentionnés veuillent profiter de cette multitude pour appuyer une adresse au roi, qui ne doit en recevoir que sous la forme paisible de simple pétition. Rappelant ensuite les arrêtés du directoire et du conseil général de la commune, les lois décrétées contre les attroupements armés, et celles qui fixent à vingt le nombre des citoyens pouvant présenter une pétition, il exhorte l'assemblée à les faire exécuter; « car, ajoute-t-il, aujourd'hui « des pétitionnaires armés se portent ici par un

« mouvement civique, mais demain il peut se
« réunir une foule de malveillants, et alors je
« vous le demande, messieurs, qu'aurions-nous
« à leur dire?... »

Au milieu des applaudissements de la droite et des murmures de la gauche, qui, en improuvant les alarmes et la prévoyance du département, approuvait évidemment l'insurrection, Vergniaud monte à la tribune, et fait observer que l'abus dont le procureur-syndic s'effraie pour l'avenir, est déjà établi; que plusieurs fois on a reçu des pétitionnaires armés, qu'on leur a permis de défiler dans la salle; qu'on a eu tort peut-être, mais que les pétitionnaires d'aujourd'hui auraient raison de se plaindre si on les traitait différemment des autres; que si, comme on le disait, ils voulaient présenter une adresse au roi, sans doute ils lui enverraient des pétitionnaires sans armes; et qu'au reste, si on redoutait quelque danger pour le roi, on n'avait qu'à l'entourer et lui envoyer une députation de soixante membres.

Dumolard admet tout ce qu'a soutenu Vergniaud, avoue l'abus établi, mais soutient qu'il faut le faire cesser, dans cette occasion surtout, si l'on ne veut pas que l'assemblée et le roi paraissent, aux yeux de l'Europe, les esclaves d'une faction dévastatrice. Il demande, comme Vergniaud, l'envoi d'une députation, mais il exige de plus que la municipalité et le département répondent des mesures prises pour le maintien des lois. Le tumulte s'accroît de plus en plus. On annonce une lettre de Santerre; elle est lue au milieu des applaudissements des tribunes.—Les habitants du faubourg Saint-Antoine, portait cette lettre, célèbrent le 20 juin; on les a calomniés, et ils demandent à être admis à la barre de l'assemblée, pour confondre leurs détracteurs, et prouver qu'ils sont toujours les hommes du 14 juillet.

Vergniaud répond ensuite à Dumolard que si la loi a été violée, l'exemple n'est pas nouveau; que vouloir s'y opposer cette fois, ce serait renouveler la scène sanglante du Champ-de-Mars; et qu'après tout, les sentiments des pétitionnaires n'ont rien de répréhensible. Justement inquiets de l'avenir, ajoute Vergniaud, ils veulent prouver que, malgré toutes les intrigues ourdies contre la liberté, ils sont toujours prêts à la défendre. — Ici, comme on le voit, la pensée véritable du jour se découvrait, par un effet ordinaire de la discussion. Le tumulte continue. Ramond demande la parole, et il faut un décret pour la lui obtenir. Dans ce moment on annonce que les pétitionnaires sont au nombre de huit mille. — Ils sont huit mille, dit Calvet, et nous ne sommes que sept cent quarante-cinq, retirons-nous. — A l'ordre! à l'ordre! s'écrie-t-on de toutes parts. Calvet est rappelé à l'ordre, et on presse Ramond de parler, parce que huit mille citoyens attendent. — Si huit mille citoyens attendent, dit-il, vingt-quatre millions de Français ne m'attendent pas moins. Il renouvelle alors les raisons données par ses amis du côté droit. Tout-à-coup les pétitionnaires se jettent dans la salle. L'assemblée indignée se lève, le président se couvre, et les pétitionnaires se retirent avec docilité. L'assemblée satisfaite consent alors à les recevoir.

Cette pétition, dont le ton était des plus audacieux, exprimait l'idée de toutes les pétitions de cette époque : « Le peuple est prêt ;
« il n'attend que vous; il est disposé à se ser-
« vir de grands moyens pour exécuter l'arti-
« cle 2 de la déclaration des droits, *résistance*
« *à l'oppression*.... Que le plus petit nombre
« d'entre vous qui ne s'unit pas à vos senti-
« ments et aux nôtres, purge la terre de la li-
« berté, et s'en aille à Coblentz.... Cherchez
« la cause des maux qui nous menacent; si
« elle dérive du pouvoir exécutif, qu'il soit
« anéanti!... »

Le président, après une réponse où il promet aux pétitionnaires la vigilance des représentants du peuple, et leur recommande l'obéissance aux lois, leur accorde au nom de l'assemblée la permission de défiler devant elle. Les portes s'ouvrent alors, et le cortége, qui était dans le moment de trente mille personnes au moins, traverse la salle. On se figure facilement tout ce que peut produire l'imagination du peuple livrée à elle-même. D'énormes tables portant la déclaration des droits précédaient la marche; des femmes, des enfants dansaient autour de ces tables en agitant des branches d'olivier et des piques, c'est-à-dire la paix ou la guerre, au choix de l'ennemi; ils répétaient en chœur le fameux *ça ira*. Venaient ensuite les forts des halles, les ouvriers de toutes les classes, avec de mauvais fusils, des sabres et des fers tranchants placés au bout de gros bâtons. Santerre, et le marquis de Saint-Hurugues déja signalé dans les journées des 5 et 6 octobre, marchaient le sabre nu à leur tête. Des bataillons de la garde nationale suivaient en bon ordre, pour contenir le tumulte par leur présence. Après, venaient encore des femmes, suivies d'autres hommes armés. Des banderoles flottantes portaient ces mots : *La constitution ou la mort.*

Des culottes déchirées étaient élevées en l'air, aux cris de *vivent les sans-culottes!* Enfin un signe atroce vint ajouter la férocité à la bizarrerie du spectacle. Au bout d'une pique était porté un cœur de veau avec cette inscription : *Cœur d'aristocrate.* La douleur et l'indignation éclatèrent à cette vue : sur-le-champ l'emblème affreux disparut, mais pour reparaître encore aux portes des Tuileries. Les applaudissements des tribunes, les cris du peuple qui traversait la salle, les chants civiques, les rumeurs confuses, le silence plein d'anxiété de l'assemblée, composaient une scène étrange, et affligeante pour les députés même qui voyaient un auxiliaire dans la multitude. Hélas! pourquoi faut-il que dans ces temps de discordes, la raison ne suffise pas! pourquoi ceux qui appelaient les barbares disciplinés du Nord, obligeaient-ils leurs adversaires à appeler ces autres barbares indisciplinés, tour à tour gais ou féroces, qui pullulent au sein des villes, et croupissent au-dessous de la civilisation la plus brillante!

Cette scène dura trois heures. Enfin Santerre, reparaissant de nouveau pour faire à l'assemblée les remercîments du peuple, lui offrit un drapeau en signe de reconnaissance et de dévouement.

ASSEMBLÉE LÉGISLATIVE (1792).   145

La multitude en ce moment voulait entrer dans le jardin des Tuileries, dont les grilles étaient fermées. De nombreux détachements de la garde nationale entouraient le château, et, s'étendant en ligne depuis les Feuillants jusqu'à la rivière, présentaient un front imposant. Un ordre du roi fit ouvrir la porte du jardin. Le peuple s'y précipitant aussitôt, défila sous les fenêtres du palais, et devant les rangs de la garde nationale, sans aucune démonstration hostile, mais en criant : *A bas le veto, vivent les sans-culottes!* Cependant quelques individus ajoutaient en parlant du roi : — Pourquoi ne se montre-t-il pas?... Nous ne voulons lui faire aucun mal. — Cet ancien mot, *on le trompe*, se faisait entendre quelquefois encore, mais rarement. Le peuple, prompt à recevoir l'opinion de ses chefs, avait désespéré comme eux.

La multitude sortit par la porte du jardin qui donne sur le Pont-Royal, remonta le quai, et vint, en traversant les guichets du Louvre, occuper la place du Carrousel. Cette place, aujourd'hui si vaste, était alors coupée par une foule de rues, qui formaient des espèces de chemins couverts. Au lieu de cette cour immense qui s'étend entre le château et la grille, et depuis une aile jusqu'à l'autre, se trouvaient de petites cours séparées par des murs et des habitations; d'antiques guichets leur donnaient ouverture sur le Carrousel. Le peuple inonda tous les alentours, et se présenta à la porte royale. L'entrée lui en fut défendue : des officiers municipaux le haranguèrent, et parurent le décider à se retirer. On prétend que, dans cet instant, Santerre, sortant de l'assemblée, où il était demeuré le dernier pour offrir un drapeau, ranima les dispositions du peuple déjà ralenties, et fit placer le canon devant la porte. Il était près de quatre heures : deux officiers municipaux levèrent tout-à-coup la consigne*; alors les forces qui étaient assez considérables sur ce point, et qui consistaient en bataillons de la garde nationale et en plusieurs détachements de gendarmerie, furent paralysées. Le peuple se précipita pêle-mêle dans la cour, et de là dans le vestibule du château. Santerre, menacé, dit-on, par deux témoins, d'être accusé de cette violation de la demeure royale, s'écria, en s'adressant aux assaillants : *Soyez témoins que je refuse de marcher dans les appartements du roi.* Cette interpellation n'arrêta pas la multitude, qui

* Tous les témoins entendus ont été d'accord sur ce fait, et n'ont varié que sur le nom des officiers municipaux.

avait pris l'élan; elle se répandit dans toutes les parties du château, l'envahit par tous les escaliers, et transporta, à force de bras, une pièce de canon jusqu'au premier étage. Au même instant les assaillants se mirent à attaquer, à coups de sabre et de hache, les portes qui s'étaient fermées sur eux.

Louis XVI, dans ce moment, avait renvoyé un grand nombre de ses dangereux amis, qui, sans pouvoir le sauver, l'avaient compromis tant de fois. Ils étaient accourus, mais il les fit sortir des Tuileries, où leur présence ne pouvait qu'irriter le peuple sans le contenir. Il était resté avec le vieux maréchal de Mouchy, le chef de bataillon Acloque, quelques serviteurs de sa maison, et plusieurs officiers dévoués de la garde nationale. C'est alors qu'on entendit les cris du peuple et le bruit des coups de hache. Aussitôt les officiers de la garde nationale l'entourent, le supplient de se montrer, en lui promettant de mourir à ses côtés. Il n'hésite pas, et ordonne d'ouvrir. Au même instant le panneau de la porte vient tomber à ses pieds sous un coup violent. On ouvre enfin, et on aperçoit une forêt de piques et de baïonnettes. — Me voici, dit Louis XVI en se montrant à la foule déchaînée. Ceux qui l'entourent se pressent autour de lui, et lui font un rempart de leur corps. — Respectez votre roi, s'écrient-ils; et la multitude, qui n'avait certainement aucun but, et à laquelle on n'en avait indiqué d'autre qu'une invasion menaçante, ralentit son irruption. Plusieurs voix annoncent une pétition, et demandent qu'elle soit écoutée. Ceux qui entourent le roi l'engagent alors à passer dans une salle plus vaste, afin de pouvoir entendre cette lecture. Le peuple, satisfait de se voir obéi, suit le prince, qu'on a l'heureuse idée de placer dans l'embrasure d'une fenêtre. On le fait monter sur une banquette; on en dispose plusieurs devant lui; on y ajoute une table; tous ceux qui l'accompagnent se rangent autour. Des grenadiers de la garde, des officiers de la maison, viennent augmenter le nombre de ses défenseurs, et composent un rempart derrière lequel il peut écouter avec moins de danger ce terrible plébiscite. Au milieu du tumulte et des cris, on entend ces mots souvent répétés : *Point de veto! point de prêtres! point d'aristocrates! le camp sous Paris!* Le boucher Legendre s'approche, et demande en un langage populaire la sanction du décret. — Ce n'est ni le lieu ni le moment, répond le roi avec fermeté; je ferai tout ce qu'exigera la constitution. — Cette résistance produit son effet. *Vive la nation! vive la nation!* s'écrient les assaillants. — Oui, reprend Louis XVI; *vive la nation!* je suis son meilleur ami. — Eh bien! faites-le voir, lui dit un de ces hommes, en lui présentant un bonnet rouge au bout d'une pique. Un refus était dangereux, et certes la dignité pour le roi ne consistait pas à se faire égorger en repoussant un vain signe, mais, comme il le fit, à soutenir avec fermeté l'assaut de la multitude. Il met le bonnet sur sa tête, et l'approbation est générale. Comme il étouffait par l'effet de la saison et de la foule, l'un de ces hommes à moitié ivre, qui tenait un verre et une bouteille, lui offre à boire. Le roi craignait depuis long-temps d'être empoisonné : cependant il boit sans hésiter, et il est vivement applaudi.

Pendant ce temps, madame Élisabeth, qui aimait tendrement son frère, et qui seule de la famille avait pu arriver jusqu'à lui, le suivait de fenêtre en fenêtre, pour partager ses dangers. le peuple en la voyant la prit pour la reine. Les cris *voilà l'Autrichienne!* retentirent d'une manière effrayante. Les grenadiers nationaux qui avaient entouré la princesse voulaient détromper le peuple. — Laissez-le, dit cette sœur généreuse, laissez-le dans son erreur, et sauvez la reine!

La reine, entourée de ses enfants, n'avait pu joindre son royal époux. Elle avait fui des appartements inférieurs, était accourue dans la salle du conseil, et ne pouvait parvenir jusqu'au roi, à cause de la foule qui obstruait tout le château. Elle voulait se réunir à lui, et demandait avec instance à être conduite dans la salle où il se trouvait. On était parvenu à l'en dissuader, et, rangée derrière la table du conseil avec quelques grenadiers, elle voyait défiler le peuple, le cœur plein d'effroi, et les yeux humides des larmes qu'elle retenait. A ses côtés sa fille versait des pleurs; son jeune fils, effrayé d'abord, s'était rassuré bientôt, et souriait avec l'heureuse ignorance de son âge. On lui avait présenté un bonnet rouge, que la reine avait mis sur sa tête. Santerre, placé de ce côté, recommandait le respect au peuple, et rassurait la princesse : il lui répétait le mot accoutumé et malheureusement inutile, *Madame, on vous trompe, on vous trompe.* Puis, voyant le jeune prince qui était accablé sous le bonnet rouge, « cet enfant étouffe, » dit-il; et il le délivra de cette ridicule coiffure.

En apprenant les dangers du château, des députés étaient accourus auprès du roi, et parlaient au peuple pour l'inviter au respect.

D'autres s'étaient rendus à l'assemblée pour l'instruire de ce qui se passait; et l'agitation s'y était augmentée de l'indignation du côté droit, et des efforts du côté gauche pour excuser cette irruption dans le palais du monarque. Une députation avait été décrétée sans contestation, et vingt-quatre membres étaient partis pour entourer le roi. La députation devait être renouvelée de demi-heure en demi-heure, pour tenir l'assemblée toujours instruite des événements. Les députés envoyés parlèrent tour à tour, en se faisant élever sur les épaules des grenadiers. Pétion parut ensuite, et fut accusé d'être arrivé trop tard. Il assura n'avoir été averti qu'à quatre heures et demie de l'invasion opérée à quatre; d'avoir mis une demi-heure pour arriver au château, et d'avoir eu ensuite tant d'obstacles à vaincre, qu'il n'avait pu être rendu auprès du roi avant cinq heures et demie. il s'approcha du prince : — Ne craignez rien, lui dit-il, vous êtes au milieu du peuple. Louis XVI, prenant alors la main d'un grenadier, la posa sur son cœur en disant : « Voyez s'il bat plus vite qu'à l'ordinaire. » Cette noble réponse fut fort applaudie. Pétion monta enfin sur un fauteuil, et, s'adressant à la foule, lui dit qu'après avoir fait ses représentations au roi, il ne lui restait qu'à se retirer sans tumulte, et de manière à ne pas souiller cette journée. Quelques témoins prétendent que Pétion dit, ses *justes* représentations. Ces mots ne prouveraient au surplus que le besoin de ne pas blesser la multitude. Santerre joignit son influence à la sienne, et le château fut bientôt évacué. La foule se retira paisiblement et avec ordre. Il était environ sept heures du soir.

Aussitôt le roi, la reine, sa sœur, ses enfants se réunirent en versant un torrent de larmes. Le roi, étourdi de cette scène, avait encore le bonnet rouge sur sa tête; il s'en aperçut pour la première fois depuis plusieurs heures, et il le rejeta avec indignation. Dans ce moment, de nouveaux députés arrivèrent pour s'informer de l'état du château. La reine, le parcourant avec eux, leur montrait les portes enfoncées, les meubles brisés, et s'exprimait avec douleur sur tant d'outrages. Merlin de Thionville, l'un des plus ardents républicains, était du nombre des députés présents; la reine aperçut des larmes dans ses yeux. « Vous « pleurez, lui dit-elle, de voir le roi et sa fa- « mille traités si cruellement par un peuple « qu'il a toujours voulu rendre heureux. — Il « est vrai, madame, répondit Merlin, je pleure « sur les malheurs d'une femme belle, sensible

« et mère de famille; mais, ne vous y méprenez
« point, il n'y a pas une de mes larmes pour
« le roi ni pour la reine : je hais les rois et les
« reines.... *. »

* Voyez Mme Campan, tome II, p. 215.

CHAPITRE IV.

Suites de la journée du 20 juin. — Arrivée de Lafayette à Paris; ses plaintes à l'assemblée. — Bruits de guerre; invasion prochaine des Prussiens; discours de Vergniaud. — Réconciliation de tous les partis dans le sein de l'assemblée, le 7 juillet. — La patrie est déclarée en danger. — Le département suspend le maire Pétion de ses fonctions. — Adresses menaçantes contre la royauté. — Lafayette propose au roi un projet de fuite. — 3ᵉ anniversaire du 14 juillet; description de la fête. — Préludes d'une nouvelle révolution. — Comité insurrectionnel. — Détails sur les plus célèbres révolutionnaires à cette époque; Cam. Desmoulins, Marat, Robespierre, Danton. — Projets des amis du roi pour le sauver.—Démarches des députés girondins pour éviter une insurrection.

L<small>E</small> lendemain de cette journée insurrectionnelle du 20, dont nous venons de retracer les principales circonstances, Paris avait encore un aspect menaçant, et les divers partis s'agitèrent avec plus de violence. L'indignation dut être générale chez les partisans de la cour, qui la regardaient comme outragée, et chez les constitutionnels, qui considéraient cette invasion comme un attentat aux lois et à la tranquillité publique. Le désordre avait été grand, mais on l'exagérait encore : on supposait qu'il y avait eu le projet d'assassiner le roi, et que le complot n'avait manqué que par un heureux hasard. Ainsi, par une réaction naturelle, la faveur du jour était toute pour la famille royale, exposée la veille à tant de dangers et d'outrages, et une extrême défaveur régnait contre les auteurs supposés de l'insurrection.

Les visages étaient mornes dans l'assemblée; quelques députés s'élevèrent avec force contre les événements de la veille. M. Bigot proposa une loi contre les pétitions armées, et contre l'usage de faire défiler des bandes dans la salle. Quoiqu'il existât déjà des lois à cet égard, on les renouvela par un décret. M. Daveirhoult voulait qu'on informât contre les perturbateurs. — Informer, lui dit-on, contre quarante mille hommes ! — Eh bien, reprit-il, si on ne peut distinguer entre quarante mille hommes, punissez la garde, qui ne s'est pas défendue; mais agissez de quelque manière. — Les ministres vinrent ensuite faire un rapport sur ce qui s'était passé, et une discussion s'éleva sur la nature des faits. Un membre de la droite, sur le motif que Vergniaud n'était pas suspect, et qu'il avait été témoin de la scène, voulut qu'il parlât sur ce qu'il avait vu. Mais Vergniaud ne se leva point à cet appel, et garda le silence. Cependant les plus hardis du côté gauche secouèrent cette contrainte, et reprirent courage vers la fin de la séance. Ils osèrent même proposer qu'on examinât si, dans les décrets de circonstance, le *veto* était nécessaire. Mais cette proposition fut repoussée par une forte majorité.

Vers le soir, on craignit une nouvelle scène semblable à celle de la veille. Le peuple se retirant avait dit qu'il reviendrait, et on crut qu'il voulait tenir promesse. Mais, soit que ce fût un reste de l'émotion de la veille, soit que, pour le moment, cette nouvelle tentative fût désapprouvée par les chefs du parti populaire, on l'arrêta très-facilement; et Pétion courut rapidement au château prévenir le roi que l'ordre était rétabli, et que le peuple, après lui avoir fait ses représentations, était calme et satisfait. — Cela n'est pas vrai, lui dit le roi. — Sire.... — Taisez-vous. — Le magistrat du peuple n'a pas à se taire, quand il fait son devoir, et qu'il dit la vérité. — La tranquillité de Paris repose sur votre tête. —

Je connais mes devoirs; je saurai les observer. — C'est assez : allez les remplir, retirez-vous.

Le roi, malgré une extrême bonté, était susceptible de mouvements d'humeur, que les courtisans appelaient *coups de boutoir*. La vue de Pétion, qu'on accusait d'avoir favorisé les scènes de la veille, l'irrita, et produisit la conversation que nous venons de rapporter. Tout Paris la connut bientôt. Deux proclamations furent immédiatement répandues, l'une du roi et l'autre de la municipalité; et il sembla que ces deux autorités entraient en lutte.

La municipalité disait aux citoyens de demeurer calmes, de respecter le roi, de respecter et de *faire respecter* l'assemblée nationale; de ne pas se réunir en armes, parce que les lois le défendaient, et surtout de se défier des malintentionnés qui tâchaient de les mettre de nouveau en mouvement.

On répandait en effet que la cour cherchait à soulever le peuple une seconde fois, pour avoir l'occasion de le mitrailler. Ainsi le château supposait le projet d'un assassinat, les faubourgs supposaient celui d'un massacre.

Le roi disait : « Les Français n'auront pas « appris sans douleur qu'une multitude égarée « par quelques factieux, est venue à main ar-

« mée dans l'habitation du roi.... Le roi n'a
« opposé aux menaces et aux insultes des fac-
« tieux que sa conscience et son amour pour
« le bien public.

« Il ignore quel sera le terme où ils vou-
« dront s'arrêter, mais, à quelque excès qu'ils
« se portent, ils ne lui arracheront jamais un
« consentement à tout ce qu'il croira contraire
« à l'intérêt public, etc...

« Si ceux qui veulent renverser la monarchie
« ont besoin d'un crime de plus, ils peuvent le
« commettre...

« Le roi ordonne à tous les corps adminis-
« tratifs et municipalités de veiller à la sûreté
« des personnes et des propriétés. »

Ces langages opposés répondaient aux deux
opinions qui se formaient alors. Tous ceux que
la conduite de la cour avait désespérés, n'en
furent que plus irrités contre elle, et plus décidés à déjouer ses projets par tous les moyens
possibles. Les sociétés populaires, les municipalités, les hommes à piques, une portion de
la garde nationale, le côté gauche de l'assemblée, comprirent la proclamation du maire de
Paris, et se promirent de n'être prudents qu'autant qu'il le faudrait pour ne pas se faire mitrailler, sans résultat décisif. Incertains encore
sur les moyens à employer, ils attendaient,

pleins de la même méfiance et de la même version. Leur premier soin fut d'obliger les ministres à comparaître devant l'assemblée, pour rendre compte des précautions qu'ils avaient prises sur deux points essentiels :

1° Sur les troubles religieux, excités par les prêtres;

2° Sur la sûreté de la capitale, que le camp de vingt mille hommes, refusé par le roi, était destiné à couvrir.

Ceux qu'on appelait aristocrates, les constitutionnels sincères, une partie des gardes nationales, plusieurs provinces, et surtout les directoires de département, se prononcèrent dans cette occasion, et d'une manière énergique. Les lois ayant été violées, ils avaient tout l'avantage de la parole, et ils en usèrent hautement. Une foule d'adresses arrivèrent au roi. A Rouen, à Paris, on prépara une pétition qui fut couverte de vingt mille signatures, et qui fut associée dans la haine du peuple à celle déjà signée par huit mille Parisiens, contre le camp sous Paris. Enfin une information fut ordonnée par le département, contre le maire Pétion et le procureur de la commune Manuel, accusés tous deux d'avoir favorisé, par leur inertie, l'irruption du 20 juin. On parlait, dans ce moment, avec admiration de la conduite du roi pendant cette fatale journée; il y avait un retour général de l'opinion sur son caractère, qu'on se reprochait d'avoir soupçonné de faiblesse. Mais on vit bientôt que ce courage passif qui résiste, n'est pas cet autre courage actif, entreprenant, qui prévient les dangers, au lieu de les attendre avec résignation.

Le parti constitutionnel s'agita aussi avec la plus extrême activité. Tous ceux qui avaient entouré Lafayette pour concerter avec lui la lettre du 16 juin, se réunirent encore, afin de tenter une grande démarche. Lafayette avait été indigné en apprenant ce qui s'était passé au château; et on le trouva parfaitement disposé. On lui fit arriver plusieurs adresses de ses régiments, qui témoignaient la même indignation. Que ces adresses fussent suggérées ou spontanées, il les interrompit par un ordre du jour, en promettant d'exprimer lui-même et en personne les sentiments de toute l'armée. Il résolut donc de venir répéter au corps législatif ce qu'il lui avait écrit le 16 juin. Il s'entendit avec Luckner, facile à conduire comme un vieux guerrier qui n'était jamais sorti de son camp. Il lui fit écrire une lettre destinée au roi, et exprimant les mêmes sentiments qu'il allait faire connaître de vive voix à la barre du corps législatif. Il prit ensuite toutes les mesures nécessaires pour que son absence ne pût nuire aux opérations militaires, et il s'arracha à l'amour de ses soldats, pour se rendre à Paris au milieu des plus grands dangers.

Lafayette comptait sur sa fidèle garde nationale, et sur un nouvel élan de sa part. Il comptait aussi sur la cour, dont il ne pouvait craindre l'inimitié, puisqu'il venait se sacrifier pour elle. Après avoir prouvé son amour chevaleresque pour la liberté, il voulait prouver son attachement sincère au roi, et dans son exaltation héroïque, il est probable que son cœur n'était pas insensible à la gloire de ce double dévouement. Il arriva le 28 juin au matin; le bruit s'en répandit rapidement, et partout on se disait avec étonnement et curiosité, que le général Lafayette était à Paris.

Avant qu'il arrivât, l'assemblée avait été agitée par un grand nombre de pétitions contraires. Celles de Rouen, du Havre, de l'Ain, de Seine-et-Oise, du Pas-de-Calais, de l'Aisne, s'élevaient contre les excès du 20 juin; celles d'Arras, de l'Hérault, semblaient presque les approuver. On avait lu, d'une part, la lettre de Luckner pour le roi, et de l'autre des placards épouvantables contre lui. Ces diverses lectures avaient excité le trouble pendant plusieurs jours.

Le 28, une foule considérable s'était portée

à l'assemblée, espérant que Lafayette, dont on ignorait encore les projets, pourrait y paraître. En effet, on annonce vers une heure et demie qu'il demande à être admis à la barre. Il y est accueilli par les applaudissements du côté droit, et par le silence des tribunes et du côté gauche.

« Messieurs, dit-il, je dois d'abord vous as-
« surer que, d'après les dispositions concertées
« entre le maréchal Luckner et moi, ma pré-
« sence ici ne compromet aucunement ni le
« succès de nos armes, ni la sûreté de l'armée
« que j'ai l'honneur de commander. »

Le général annonce ensuite les motifs qui l'amènent. On a soutenu que sa lettre n'était pas de lui; il vient l'avouer, et il sort pour faire cet aveu du milieu de son camp, où l'entoure l'amour de ses soldats. Une raison plus puissante l'a porté à cette démarche : le 20 juin a excité l'indignation de son armée, qui lui a présenté une multitude d'adresses. Il les a interdites, et a pris l'engagement de se faire l'organe de ses troupes auprès de l'assemblée nationale. Déjà, ajoute-t-il, les soldats se demandent si c'est vraiment la cause de la liberté et de la constitution qu'ils défendent.

Il supplie l'assemblée nationale,

1° De poursuivre les instigateurs du 20 juin;

2° De détruire une secte qui envahit la souveraineté nationale, et dont les débats publics ne laissent aucun doute sur l'atrocité de ses projets ;

3° Enfin de faire respecter les autorités, et de donner aux armées l'assurance que la constitution ne recevra aucune atteinte au dedans, tandis qu'elles prodiguent leur sang pour la défendre au dehors.

Le président lui répond que l'assemblée sera fidèle à la loi jurée, et qu'elle examinera sa pétition. Il est invité aux honneurs de la séance.

Le général va s'asseoir sur les bancs de la droite. Le député Kersaint observe que c'est au banc des pétitionnaires qu'il doit se placer. Oui ! non ! s'écrie-t-on de toutes parts. Le général se lève modestement, et va se rendre au banc des pétitionnaires. Des applaudissements nombreux l'accompagnent à cette place nouvelle. Guadet prend le premier la parole, et, usant d'un détour adroit, il se demande si les ennemis sont vaincus, si la patrie est délivrée, puisque M. de Lafayette est à Paris. Non, répond-il, la patrie n'est pas délivrée ! notre situation n'a pas changé, et cependant le général de l'une de nos armées est à Paris !
— Il n'examinera pas, continue-t-il, si M. de Lafayette, qui ne voit dans le peuple français

que des factieux entourant et menaçant les autorités, n'est pas lui-même entouré d'un état-major qui le circonvient; mais il fera observer à M. de Lafayette qu'il manque à la constitution en se faisant l'organe d'une armée légalement incapable de délibérer, et que probablement aussi, il a manqué à la hiérarchie des pouvoirs militaires, en venant à Paris sans l'autorisation du ministre de la guerre.

En conséquence, Guadet demande que le ministre déclare s'il a donné un congé à M. de Lafayette, et que, de plus, la commission extraordinaire fasse un rapport sur la question de savoir si un général pourra entretenir l'assemblée d'objets purement politiques.

Ramond se présente pour répondre à Guadet. Il commence par une observation bien naturelle et bien souvent applicable, c'est que suivant les circonstances, on varie fort sur l'interprétation des lois. « Jamais, dit-il, on n'avait été si scrupuleux sur l'existence du droit de pétition. Lorsque récemment encore une foule armée se présenta, on ne lui demanda point quelle était sa mission; on ne lui reprocha point d'attenter, par l'appareil des armes, à l'indépendance de l'assemblée; et lorsque M. de Lafayette, qui, par sa vie entière, est pour l'Amérique et pour l'Europe l'étendard de la liberté, lorsqu'il se présente, les soupçons s'éveillent!... S'il y a deux poids et deux mesures, s'il y a deux manières de considérer les choses, qu'il soit permis de faire quelque acception de personne, en faveur du fils aîné de la liberté!... »

Ramond vote ensuite pour le renvoi de la pétition à la commission extraordinaire, afin d'examiner, non la conduite de Lafayette, mais sa pétition elle-même. Après un grand tumulte, après un double appel, la motion de Ramond est décrétée. Lafayette sort de l'assemblée entouré d'un cortége nombreux de députés et de soldats de la garde nationale, tous ses partisans et ses anciens compagnons d'armes.

C'était le moment décisif pour lui, pour la cour et pour le parti populaire; il se rend au château. Les propos les plus injurieux circulent autour de lui, dans les groupes des courtisans. Le roi et la reine accueillent avec froideur celui qui venait se dévouer pour eux. Lafayette quitte le château, affligé, non pour lui-même, mais pour la famille royale, des dispositions qu'on vient de lui montrer. A sa sortie des Tuileries, une foule nombreuse le reçoit, l'accompagne jusqu'à sa demeure aux cris de *vive Lafayette*, et vient même planter un *mai* devant sa porte. Ces témoignages d'un ancien dévouement touchaient le général, et intimidaient les jacobins. Mais il fallait profiter de ces restes de dévouement, et les exciter davantage, pour les rendre efficaces. Quelques chefs de la garde nationale particulièrement dévoués à la famille royale s'adressèrent à la cour pour savoir ce qu'il fallait faire. Le roi et la reine furent tous deux d'avis qu'on ne devait pas seconder M. de Lafayette *. Il se trouva donc abandonné par la seule portion de la garde nationale sur laquelle on pût encore s'appuyer. Néanmoins, voulant servir le roi malgré lui-même, il s'entendit avec ses amis. Mais ceux-ci n'étaient pas mieux d'accord. Les uns, et particulièrement Lally-Tolendal, désiraient qu'il agît promptement contre les jacobins, et qu'il les attaquât de vive force dans leur club. Les autres, tous membres du département et de l'assemblée, s'appuyant sans cesse sur la loi, n'ayant de ressources qu'en elle, n'en voulaient pas conseiller la violation, et s'opposaient à toute attaque ouverte. Néanmoins Lafayette préféra le plus hardi de ces deux conseils : il assigna un rendez-vous à ses partisans pour aller avec eux chasser les jaco-

* Voyez Mme Campan, tome II, p. 224, une lettre de M. de Lally au roi de Prusse, et tous les historiens.

bins de leur salle, et en murer les portes. Mais, quoique le lieu de la réunion fût fixé, peu s'y rendirent, et Lafayette fut dans l'impossibilité d'agir. Cependant, tandis qu'il était désespéré de se voir si mal secondé, les jacobins, qui ignoraient la défection des siens, furent saisis d'une terreur panique, et abandonnèrent leur club. Ils coururent chez Dumouriez, qui n'était pas encore parti pour l'armée; ils le pressèrent de se mettre à leur tête et de marcher contre Lafayette; mais leur offre ne fut point acceptée. Lafayette resta encore un jour à Paris au milieu des dénonciations, des menaces et des projets d'assassinat, et partit enfin désespéré de son inutile dévouement, et du funeste entêtement de la cour. Et c'est ce même homme, si complétement abandonné lorsqu'il venait s'exposer aux poignards pour sauver le roi, qu'on a accusé d'avoir trahi Louis XVI! Les écrivains de la cour ont prétendu que ses moyens étaient mal combinés : sans doute il était plus facile et plus sûr, du moins en apparence, de se servir de quatre-vingt mille Prussiens; mais à Paris, et avec le projet de ne pas appeler l'étranger, que pouvait-on de plus, que de se mettre à la tête de la garde nationale, et imposer aux jacobins en les dispersant?

Lafayette partit avec l'intention de servir encore le roi, et de lui ménager, s'il était possible, les moyens de quitter Paris. Il écrivit à l'assemblée une lettre où il répéta avec plus d'énergie encore tout ce qu'il avait dit lui-même contre ce qu'il appelait les factieux.

A peine le parti populaire fut-il délivré des craintes que lui avaient causées la présence et les projets du général, qu'il continua ses attaques contre la cour, et persista à demander un compte rigoureux des moyens qu'elle prenait pour préserver le territoire. On savait déjà, quoique le pouvoir exécutif n'en eût rien notifié à l'assemblée, que les Prussiens avaient rompu la neutralité, et qu'ils s'avançaient par Coblentz au nombre de quatre-vingt mille hommes, tous vieux soldats du grand Frédéric, et commandés par le duc de Brunswick, général célèbre. Luckner, ayant trop peu de troupes et ne comptant pas assez sur les Belges, avait été obligé de se retirer sur Lille et Valenciennes. Un officier avait brûlé, en se retirant de Courtray, les faubourgs de la ville, et on avait cru que le but de cette mesure cruelle était d'aliéner les Belges. Le gouvernement ne faisait rien pour augmenter la force de nos armées, qui n'était tout au plus, sur les trois frontières, que de deux cent trente mille hommes. Il ne prenait aucun de ces moyens puissants qui réveillent le zèle et l'enthousiasme d'une nation. L'ennemi enfin pouvait être dans six semaines à Paris.

La reine y comptait, et en faisait la confidence à une de ses dames. Elle avait l'itinéraire des émigrés et du roi de Prusse. Elle savait que tel jour ils pouvaient être à Verdun, tel autre à Lille, et qu'on devait faire le siége de cette dernière place. Cette malheureuse princesse espérait, disait-elle, être délivrée dans un mois[*]. Hélas! que n'en croyait-elle plutôt les sincères amis qui lui représentaient les inconvénients des secours étrangers et inutiles; qu'ils arriveraient assez tôt pour la compromettre, mais trop tard pour la sauver! Que n'en croyait-elle ses propres craintes à cet égard, et les sinistres pressentiments qui l'assiégeaient quelquefois!

On a vu que le moyen auquel le parti national tenait le plus, c'était une réserve de vingt mille fédérés sous Paris. Le roi, comme on l'a dit, s'était opposé à ce projet. Il fut sommé, dans la personne de ses ministres, de s'expliquer sur les précautions qu'il avait prises, pour suppléer aux mesures ordonnées par

---

[*] Voyez Mme Campan, tome II, page 230.

le décret non sanctionné. Il répondit en proposant un projet nouveau, qui consistait à diriger sur Soissons une réserve de quarante-deux bataillons de volontaires nationaux, pour remplacer l'ancienne réserve, qu'on venait d'épuiser en complétant les deux principales armées. C'était en quelque sorte le premier décret, à une différence près, que les patriotes regardaient comme très-importante, c'est que le camp de réserve serait formé entre Paris et la frontière, et non près de Paris même. Ce plan avait été accueilli par des murmures et renvoyé au comité militaire.

Depuis, plusieurs départements et municipalités, excités par leur correspondance avec Paris, avaient résolu d'exécuter le décret du camp de vingt mille hommes, quoiqu'il ne fût pas sanctionné. Les départements des Bouches-du-Rhône, de la Gironde, de l'Hérault, donnèrent le premier exemple, et furent bientôt imités par d'autres. Tel fut le commencement de l'insurrection.

Dès que ces levées spontanées furent connues, l'assemblée, modifiant le projet des quarante-deux nouveaux bataillons, proposé par le roi, décréta que les bataillons qui, dans leur zèle, s'étaient déjà mis en marche avant d'avoir été légalement appelés, passeraient par Paris, pour s'y faire inscrire à la municipalité de cette ville; qu'ils seraient ensuite dirigés sur Soissons, pour y camper; enfin que ceux qui pourraient se trouver à Paris avant le 14 juillet, jour de la fédération, assisteraient à cette solennité nationale. Cette fête n'avait pas eu lieu en 91 à cause de la fuite à Varennes, et on voulait la célébrer en 92 avec éclat. L'assemblée ajouta qu'immédiatement après la célébration, les fédérés s'achemineraient vers le lieu de leur destination.

C'était là tout à la fois autoriser l'insurrection, et renouveler, à peu de chose près, le décret non sanctionné. La seule différence, c'est que les fédérés ne faisaient que passer à Paris. Mais l'important était de les y amener; et, une fois arrivés, mille circonstances pouvaient les y retenir. Le décret fut immédiatement envoyé au roi, et sanctionné le lendemain.

A cette mesure importante, on en joignit une autre : on se défiait d'une partie des gardes nationales, et surtout des états-majors, qui, à l'exemple des directoires de département, en se rapprochant de la haute autorité par leurs grades, penchaient davantage en sa faveur. C'était surtout celui de la garde nationale de Paris qu'on voulait atteindre; mais ne pouvant pas le faire directement, on décréta que tous les états-majors, dans les villes de plus de cinquante mille ames, seraient dissous et réélus*. L'état d'agitation où se trouvait la France, assurant aux hommes les plus ardents une influence toujours croissante, cette réélection devait amener des sujets dévoués au parti populaire et républicain.

C'étaient là de grandes mesures emportées de vive force sur le côté droit et la cour. Cependant rien de tout cela ne paraissait assez rassurant aux patriotes contre les dangers imminents dont ils se croyaient menacés. Quarante mille Prussiens, tout autant d'Autrichiens et de Sardes, s'avançant sur nos frontières; une cour probablement d'accord avec l'ennemi, n'employant aucun moyen pour multiplier les armées et exciter la nation, usant au contraire du *veto* pour déjouer les mesures du corps législatif, et de la liste civile pour se procurer des partisans à l'intérieur; un général qu'on ne supposait pas capable de s'unir à l'émigration pour livrer la France, mais qu'on voyait disposé à soutenir la cour contre le peuple; toutes ces circonstances effrayaient les esprits, et les agitaient profondément. *La patrie est en danger*, était le cri général. Mais comment pré-

---

* Décret du 2 juillet.

venir ce danger? telle était la difficulté. On n'était pas même d'accord sur les causes. Les constitutionnels et les partisans de la cour, aussi terrifiés que les patriotes eux-mêmes, n'imputaient les dangers qu'aux factieux, ils ne tremblaient que pour la royauté, et ne voyaient de péril que dans la désunion. Les patriotes, au contraire, ne trouvaient le péril que dans l'invasion, et n'en accusaient que la cour, ses refus, ses lenteurs, ses secrètes menées. Les pétitions se croisaient : les unes attribuaient tout aux jacobins, les autres à la cour, désignée tour à tour sous les noms du *château*, du *pouvoir exécutif*, du *veto*. L'assemblée écoutait et renvoyait tout à la commission extraordinaire des douze, chargée depuis longtemps de chercher et de proposer des moyens de salut. Son plan était désiré avec impatience. En attendant, partout des placards menaçants couvraient les murs; les feuilles publiques, aussi hardies que les affiches, ne parlaient que d'abdication forcée et de déchéance. C'était l'objet de tous les entretiens, et on semblait ne garder quelque mesure que dans l'assemblée. Là, les attaques contre la royauté n'étaient encore qu'indirectes. On avait proposé, par exemple, de supprimer le *veto* pour les décrets de circonstance; plusieurs fois il avait été question de la liste civile, de son emploi coupable, et on avait parlé, ou de la réduire, ou de l'assujétir à des comptes publics.

La cour n'avait jamais refusé de céder aux instances de l'assemblée, et d'augmenter matériellement les moyens de défense. Elle ne l'aurait pas pu, sans se compromettre trop ouvertement; et d'ailleurs elle devait peu redouter l'augmentation numérique d'armées qu'elle croyait complétement désorganisées. Le parti populaire voulait, au contraire, de ces moyens extraordinaires qui annoncent une grande résolution, et qui souvent font triompher la cause la plus désespérée. Ce sont ces moyens que la commission des douze imagina enfin après un long travail, et proposa à l'assemblée. Elle s'était arrêtée au projet suivant :

Lorsque le péril deviendrait extrême, le corps législatif devait le déclarer lui-même, par cette formule solennelle : *La patrie est en danger.*

A cette déclaration, toutes les autorités locales, les conseils des communes, ceux des districts et des départements, l'assemblée elle-même, comme la première des autorités, devaient être en permanence, et siéger sans interruption. Tous les citoyens, sous les peines les plus graves, seraient tenus de remettre aux autorités les armes qu'ils possédaient, pour qu'il en fût fait la distribution convenable. Tous les hommes, vieux et jeunes, en état de servir, devaient être enrôlés dans les gardes nationales. Les uns étaient mobilisés, et transportés au siége des diverses autorités de district et de département; les autres pourraient être envoyés partout où le besoin de la patrie l'exigerait, soit au dedans, soit au dehors. L'uniforme n'était pas exigé de ceux qui ne pourraient en faire les frais. Tous les gardes nationaux transportés hors de leur domicile recevraient la solde des volontaires. Les autorités étaient chargées de se pourvoir de munitions. Un signe de rébellion, arboré avec intention, était puni de mort. Toute cocarde, tout drapeau étaient réputés séditieux, excepté la cocarde et le drapeau tricolores.

D'après ce projet, toute la nation était en éveil et en armes; elle avait le moyen de délibérer, de se battre partout, et à tous les instants; elle pouvait se passer du gouvernement, et suppléer à son inaction. Cette agitation sans but des masses populaires était régularisée et dirigée. Si enfin, après cet appel, les Français ne répondaient pas, on ne devait plus rien à une nation qui ne faisait rien pour elle-même. Une discussion des plus vives ne tarda pas, comme on le pense bien, à s'engager sur ce projet.

Le député Pastoret fit le rapport préliminaire le 30 juin.

Il ne satisfit personne, en donnant à tout le monde des torts, en les compensant les uns par les autres, et en ne fixant point, d'une manière positive, les moyens de parer aux dangers publics. Après lui, le député Jean de Bry motiva nettement et avec modération le projet de la commission. La discussion, une fois ouverte, ne fut bientôt qu'un échange de reproches. Elle donna essor aux imaginations bouillantes et précoces, qui vont droit aux moyens extrêmes. La grande loi du salut public, c'est-à-dire la dictature, c'est-à-dire le moyen de tout faire, avec la chance d'en user cruellement, mais puissamment, cette loi, qui ne devait être décrétée que dans la convention, fut cependant proposée dans la législative.

M. Delaunay d'Angers proposa à l'assemblée de déclarer que, jusqu'après l'éloignement du danger, elle ne *consulterait que la loi impérieuse et suprême du salut public.*

C'était, avec une formule abstraite et mystérieuse, supprimer évidemment la royauté, et déclarer l'assemblée souveraine absolue. M. Delaunay disait que la révolution n'était pas achevée, qu'on se trompait si on le croyait, et qu'il fallait garder les lois fixes pour la révolution sauvée, et non pour la révolution à sauver; il disait en un mot tout ce qu'on dit ordinairement en faveur de la dictature, dont l'idée se présente toujours dans les moments de danger. La réponse des députés du côté droit était naturelle : on violait, suivant eux, les serments prêtés à la constitution, en créant une autorité qui absorbait les pouvoirs réglés et établis. Leurs adversaires répliquaient, en alléguant que l'exemple de la violation était donné, qu'il ne fallait pas se laisser prévenir et surprendre sans défense. — Mais prouvez donc, reprenaient les partisans de la cour, que cet exemple est donné, et qu'on a trahi la constitution. A ce défi on répondait par de nouvelles accusations contre la cour, et ces accusations étaient repoussées à leur tour par des reproches aux agitateurs. — Vous êtes des factieux. — Vous êtes des traîtres. — Tel était le reproche réciproque et éternel, telle était la question à résoudre.

M. de Jaucourt voulait renvoyer la proposition aux Jacobins, tant il la trouvait violente. M. Isnard, à l'ardeur duquel elle convenait, demandait qu'elle fût prise en considération, et que le discours de M. Delaunay fût envoyé aux départements pour être opposé à celui de M. Pastoret, qui n'était qu'*une dose d'opium donnée à un agonisant.*

M. de Vaublanc réussit à se faire écouter, en disant que la constitution pouvait se sauver par la constitution; que le projet de M. Jean de Bry en était la preuve, et qu'il fallait imprimer le discours de M. Delaunay, si l'on voulait, mais au moins ne pas l'envoyer aux départements, et revenir à la proposition de la commission. La discussion fut en effet remise au 3 juillet.

Un député n'avait pas encore parlé, c'était Vergniaud. Membre de la Gironde, et son plus grand orateur, il en était néanmoins indépendant. Soit insouciance, soit véritable élévation, il semblait au-dessus des passions de ses amis; et en partageant leur ardeur patriotique, il ne partageait pas toujours leur préoccupation et leur emportement. Quand il se décidait dans une question, il entraînait par son éloquence et par une certaine impartialité reconnue, cette partie flottante de l'assemblée, que Mirabeau maîtrisait autrefois par sa dialectique et sa véhémence. Partout les masses incertaines appartiennent au talent et à la raison*.

---

* C'est une justice que rendait à Vergniaud le *Journal de*

On avait annoncé qu'il parlerait le 3 juillet; une foule immense était accourue pour entendre ce grand orateur, sur une question qu'on regardait comme décisive.

Il prend en effet la parole*, et jette un premier coup d'œil sur la France. «Si on ne croyait, dit-il, à l'amour impérissable du peuple pour la liberté, on douterait si la révolution rétrograde ou si elle arrive à son terme. Nos armées du Nord avançaient en Belgique, et tout-à-coup elles se replient; le théâtre de la guerre est reporté sur notre territoire, et il ne restera de nous chez les malheureux Belges, que le souvenir des incendies qui auront éclairé notre retraite! Dans le même temps, une formidable armée de Prussiens menace le Rhin, quoiqu'on nous eût fait espérer que leur marche ne serait pas si prompte.

« Comment se fait-il qu'on ait choisi ce moment pour renvoyer les ministres populaires, pour rompre la chaîne de leurs travaux, livrer l'empire à des mains inexpérimentées, et re-

---

Paris, alors si connu par son opposition à la majorité de l'assemblée, et par les grands talents qui présidaient à sa rédaction, notamment le malheureux et immortel André Chénier (*Voyez la feuille du 4 juillet 1792*).

* Il n'est pas nécessaire d'avertir que j'analyse ici, et que je ne donne pas textuellement le discours de Vergniaud.

pousser les mesures utiles que nous avons cru devoir proposer?.... Serait-il vrai que l'on redoute nos triomphes?.... Est-ce du sang de Coblentz, ou du vôtre dont on est avare?.... Veut-on régner sur des villes abandonnées, sur des champs dévastés?.... Où sommes-nous enfin?.... Et vous, messieurs, qu'allez-vous entreprendre de grand pour la chose publique?....

« Vous, qu'on se flatte d'avoir intimidés; vous dont on se flatte d'alarmer les consciences en qualifiant votre patriotisme d'esprit de faction, comme si on n'avait pas appelé factieux ceux qui prêtèrent le serment du Jeu de Paume; vous qu'on a tant calomniés, parce que vous êtes étrangers à une caste orgueilleuse que la constitution a renversée dans la poussière; vous à qui on suppose des intentions coupables, comme si, investis d'une autre puissance que celle de la loi, vous aviez une liste civile; vous que, par une hypocrite modération, on voudrait refroidir sur les dangers du peuple; vous que l'on a su diviser, mais qui, dans ce moment de danger, déposerez vos haines, vos misérables dissensions, et ne trouverez pas si doux de vous haïr, que vous préfériez cette infernale jouissance au salut de la patrie; vous tous enfin, écoutez-moi :

quelles sont vos ressources? que vous commande la nécessité? que vous permet la constitution? »

Pendant ce début, de nombreux applaudissements ont couvert la voix de l'orateur. Il continue, et découvre deux genres de dangers, les uns intérieurs, les autres extérieurs.

« Pour prévenir les premiers, l'assemblée a proposé un décret contre les prêtres, et, soit que le génie de Médicis erre encore sous les voûtes des Tuileries, soit qu'un Lachaise ou un Letellier trouble encore le cœur du prince, le décret a été refusé par le trône. Il n'est pas permis de croire, sans faire injure au roi, qu'il veuille les troubles religieux. Il se croit donc assez puissant, il a donc assez des anciennes lois pour assurer la tranquillité publique. Que ses ministres en répondent donc sur leur tête, puisqu'ils ont les moyens de l'assurer!

« Pour prévenir les dangers extérieurs, l'assemblée avait imaginé un camp de réserve: le roi l'a repoussé. Ce serait lui faire injure que de croire qu'il veut livrer la France; il doit donc avoir des forces suffisantes pour la protéger; ses ministres doivent donc nous répondre, sur leur tête, du salut de la patrie. »

Jusqu'ici l'orateur s'en tient, comme on voit,

à la responsabilité ministérielle, et se borne à
la rendre plus menaçante. « Mais, ajoute-t-il,
ce n'est pas tout de jeter les ministres dans
l'abîme que leur méchanceté ou leur impuissance
aurait creusé.... Qu'on m'écoute avec
calme, qu'on ne se hâte pas de me deviner,... »

A ces mots l'attention redouble; un silence
profond règne dans l'assemblée. « C'est au nom
du roi, dit-il, que les princes français ont tenté
de soulever l'Europe; c'est pour venger *la dignité
du roi* que s'est conclu le traité de Pilnitz;
c'est pour venir *au secours du roi* que
le souverain de Bohême et de Hongrie nous
fait la guerre, que la Prusse marche vers nos
frontières. Or, je lis dans la constitution : « Si
« le roi se met à la tête d'une armée et en dirige
« les forces contre la nation, ou s'il ne
« s'oppose pas, par un acte formel, à une telle
« entreprise qui s'exécuterait en son nom, il
« sera censé avoir abdiqué la royauté. »

« Qu'est-ce qu'un acte formel d'opposition?
Si cent mille Autrichiens marchaient vers la
Flandre, cent mille Prussiens vers l'Alsace, et
que le roi leur opposât dix ou vingt mille
hommes, aurait-il fait un *acte formel* d'opposition?

« Si le roi, chargé de notifier les hostilités
imminentes, instruit des mouvements de l'ar-

mée prussienne, n'en donnait aucune connaissance à l'assemblée nationale; si un camp de réserve, nécessaire pour arrêter les progrès de l'ennemi dans l'intérieur, était proposé, et que le roi y substituât un plan incertain et tres-long à exécuter; si le roi laissait le commandement d'une armée à un général intrigant, et suspect à la nation; si un autre général, nourri loin de la corruption des cours et familier avec la victoire, demandait un renfort, et que par un refus le roi lui dit : *Je te défends de vaincre*; pourrait-on dire que le roi a fait un *acte formel* d'opposition?

« J'ai exagéré plusieurs faits, reprend Vergniaud, pour ôter tout prétexte à des applications purement hypothétiques. Mais si, tandis que la France nagerait dans le sang, le roi vous disait : Il est vrai que les ennemis prétendent agir pour moi, pour ma dignité, pour mes droits, mais j'ai prouvé que je n'étais pas leur complice : j'ai mis des armées en campagne; ces armées étaient trop faibles, mais la constitution ne fixe pas le degré de leurs forces : je les ai rassemblées trop tard, mais la constitution ne fixe pas le temps de leur réunion : j'ai arrêté un général qui allait vaincre, mais la constitution n'ordonne pas les victoires : j'ai eu des ministres qui trompaient l'assemblée et désorganisaient le gouvernement, mais leur nomination m'appartenait : l'assemblée a rendu des décrets utiles que je n'ai pas sanctionnés, mais j'en avais le droit : j'ai fait tout ce que la constitution m'a prescrit; il n'est donc pas possible de douter de ma fidélité pour elle. »

De vifs applaudissements éclatent de toutes parts. « Si donc, reprend Vergniaud, le roi vous tenait ce langage, ne seriez-vous pas en droit de lui répondre : O roi! qui, comme le tyran Lysandre, avez cru que la vérité ne valait pas mieux que le mensonge, qui avez feint de n'aimer les lois que pour conserver la puissance qui vous servirait à les braver, était-ce nous défendre que d'opposer aux soldats étrangers des forces dont l'infériorité ne laissait pas même d'incertitude sur leur défaite? Était-ce nous défendre que d'écarter les projets tendant à fortifier l'intérieur? Était-ce nous défendre que de ne pas réprimer un général qui violait la constitution, et d'enchaîner le courage de ceux qui la servaient?... La constitution vous laissat-elle le choix des ministres pour notre bonheur ou notre ruine? Vous fit-elle chef de l'armée pour notre gloire ou notre honte? Vous donna-t-elle enfin le droit de sanction, une liste civile et tant de prérogatives pour perdre constitutionnellement la constitution et l'empire? Non! non! homme que la générosité des Français n'a pu rendre sensible, que le seul amour du despotisme a pu toucher...... vous n'êtes plus rien pour cette constitution que vous avez si indignement violée, pour ce peuple que vous avez si lâchement trahi!....

« Mais non, reprend l'orateur, si nos armées ne sont point complètes, le roi n'en est sans doute pas coupable; sans doute il prendra les mesures nécessaires pour nous sauver, sans doute la marche des Prussiens ne sera pas aussi triomphante qu'ils l'espèrent; mais il fallait tout prévoir et tout dire, car la franchise peut seule nous sauver. »

Vergniaud finit en proposant un message à Louis XVI, ferme, mais respectueux, qui l'oblige à opter entre la France et l'étranger, et lui apprenne que les Français sont résolus à périr ou à triompher avec la constitution. Il veut en outre qu'on déclare la patrie en danger, pour réveiller dans les cœurs ces grandes affections qui ont animé les grands peuples, et qui sans doute se retrouveront dans les Français; car ce ne sera pas, dit-il, dans les Français régénérés de 89 que la nature se montrera dégradée. Il veut enfin qu'on mette un terme à des dissensions dont le caractère devient sinistre, et qu'on réunisse ceux qui sont dans Rome et sur le mont Aventin.

En prononçant ces derniers mots, la voix de l'orateur était altérée, l'émotion générale. Les tribunes, le côté gauche, le côté droit, tout le monde applaudissait. Vergniaud quitte la tribune, et il est entouré par une foule empressée de le féliciter. Seul jusqu'alors il avait osé parler à l'assemblée de la déchéance dont tout le monde s'entretenait dans le public, mais il ne l'avait présentée que d'une manière hypothétique, et avec des formes encore respectueuses, quand on les compare au langage inspiré par les passions du temps.

Dumas veut répondre. Il essaie d'improviser après Vergniaud, et devant des auditeurs encore tout pleins de ce qu'ils venaient d'éprouver. Il réclame plusieurs fois le silence et une attention qui n'était plus pour lui. Il s'appesantit sur les reproches faits au pouvoir exécutif. « La retraite de Luckner est due, dit-il, au sort des batailles, qu'on ne peut régler du fond des cabinets. Sans doute vous avez confiance en Luckner? — Oui! oui! s'écrie-t-on; et Kersaint demande un décret qui déclare que Luckner a conservé la confiance nationale. Le décret est rendu, et Dumas continue. Il dit avec raison que si on a confiance en ce général, on ne peut regarder l'intention de sa retraite comme coupable ou suspecte; que quant au défaut de forces dont on se plaint, le maréchal sait lui-même qu'on a réuni pour cette entreprise toutes les troupes alors disponibles; que d'ailleurs tout devait être déjà préparé par l'ancien ministère girondin, auteur de la guerre offensive, et que s'il n'y avait pas de moyens suffisants, la faute en était à ce ministère seul; que les nouveaux ministres n'avaient pas pu tout réparer avec quelques courriers, et qu'enfin ils avaient donné carte blanche à Luckner, et lui avaient laissé le pouvoir d'agir suivant les circonstances et le terrain.

« On a refusé le camp de vingt mille hommes, ajoute Dumas, mais d'abord les ministres ne sont pas responsables du *veto*, et ensuite le projet qu'ils y ont substitué valait mieux que celui proposé par l'assemblée, parce qu'il ne paralysait pas les moyens de recrutement. On a refusé le décret contre les prêtres, mais il n'y a pas besoin de lois nouvelles pour assurer la tranquillité publique; il ne faut que du calme, de la sûreté, du respect pour la liberté individuelle et la liberté des cultes. Partout où ces libertés ont été respectées, les prêtres n'ont pas été séditieux. » Dumas justifie enfin le roi en objectant qu'il n'avait pas voulu la guerre, et Lafayette en rappelant qu'il avait toujours aimé la liberté.

Le décret proposé par la commission des douze, pour régler les formes d'après lesquelles on déclarerait la patrie en danger, fut rendu au milieu des plus vifs applaudissements. Mais on ajourna la déclaration du danger, parce qu'on ne crut pas devoir le proclamer encore. Le roi, sans doute excité par tout ce qui avait été dit, notifia à l'assemblée les hostilités imminentes de la Prusse, qu'il fonda sur la convention de Pilnitz, sur l'accueil fait aux rebelles, sur les violences exercées envers les commerçants français, sur le renvoi de notre ministre, et le départ de Paris de l'ambassadeur prussien; enfin, sur la marche des troupes prussiennes au nombre de cinquante-deux mille hommes. « Tout me prouve, ajoutait le message du roi, une alliance entre Vienne et Berlin. (On rit à ces mots.) Aux termes de la constitution, j'en donne avis au corps législatif. »—Oui, répliquent plusieurs voix, quand les Prussiens sont à Coblentz! — Le message fut renvoyé à la commission des douze.

La discussion sur les formes de la déclaration du *danger de la patrie* fut continuée. On décréta que cette déclaration serait considérée comme une simple proclamation, et que par conséquent elle ne serait pas soumise à la sanction royale; ce qui n'était pas très-juste, puisqu'elle renfermait des dispositions législatives. Mais déjà, sans avoir voulu la proclamer, on suivait la loi du salut public.

Les disputes devenaient tous les jours plus envenimées. Le vœu de Vergniaud, de réunir ceux qui étaient dans Rome et sur le mont Aventin, ne se réalisait pas; les craintes qu'on s'inspirait réciproquement se changeaient en une haine irréconciliable.

Il y avait dans l'assemblée un député nommé Lamourette, évêque constitutionnel de Lyon, qui n'avait jamais vu dans la liberté que le retour à la fraternité primitive, et qui s'affligeait autant qu'il s'étonnait des divisions de ses collègues. Il ne croyait à aucune haine véritable des uns à l'égard des autres, et ne leur supposait à tous que des méfiances injustes. Le 7 juillet, au moment où on allait continuer la discussion sur le danger de la patrie, il demande la parole pour une motion d'ordre, et, s'adressant à ses collègues avec le ton le plus persuasif et la figure la plus noble, il leur dit que tous les jours on leur propose des mesures terribles pour faire cesser le danger de la patrie; que, pour lui, il croit à des moyens plus doux et plus efficaces. C'est la division des représen-

tants qui cause tous les maux, et c'est à cette
désunion qu'il faut apporter remède. « Oh! s'é-
crie le digne pasteur, celui qui réussirait à vous
réunir, celui-là serait le véritable vainqueur
de l'Autriche et de Coblentz. On dit tous les
jours que votre réunion est impossible au point
où sont les choses..... ah! j'en frémis!..... mais
c'est là une injure : il n'y a d'irréconciliables
que le crime et la vertu. Les gens de bien dis-
putent vivement, parce qu'ils ont la conviction sincère de leurs opinions, mais ils ne sauraient se haïr! Messieurs, le salut public est
dans vos mains, que tardez-vous de l'opérer?...

« Que se reprochent les deux parties de l'assemblée? L'une accuse l'autre de vouloir modifier la constitution par la main des étrangers,
et celle-ci accuse la première de vouloir renverser la monarchie pour établir la république.
Eh bien, messieurs, foudroyez d'un même ana-
thème et la république et les deux chambres;
vouez-les à l'exécration commune par un dernier et irrévocable serment! jurons de n'avoir
qu'un seul esprit, qu'un seul sentiment; jurons-
nous fraternité éternelle! Que l'ennemi sache
que ce que nous voulons, nous le voulons tous,
et la patrie est sauvée! »

L'orateur avait à peine achevé ces derniers
mots, que les deux côtés de l'assemblée étaient

debout, applaudissant à ses généreux sentiments, et pressés de décharger le poids de leurs animosités réciproques. Au milieu d'une acclamation universelle, on voue à l'exécration publique tout projet d'altérer la constitution par les deux chambres ou par la république, et on se précipite des bancs opposés pour s'embrasser. Ceux qui avaient attaqué et ceux qui avaient défendu Lafayette, le *veto*, la liste civile, les *factieux* et les *traîtres* sont dans les bras les uns des autres; toutes les distinctions sont confondues, et l'on voit s'embrassant MM. Pastoret et Condorcet, qui la veille s'étaient réciproquement maltraités dans les feuilles publiques. Il n'y a plus de côté droit ni de côté gauche, et tous les députés sont indistinctement assis les uns auprès des autres. Dumas est auprès de Basire, Jaucourt auprès de Merlin, et Ramond auprès de Chabot.

On décide aussitôt qu'on informera les provinces, l'armée et le roi, de cet heureux événement; une députation, conduite par Lamourette, se rend au château. Lamourette retourne, annonçant l'arrivée du roi qui vient, comme au 4 février 1790, témoigner sa satisfaction à l'assemblée, et lui dire qu'il était fâché d'attendre une députation, car il lui tardait bien d'accourir au milieu d'elle.

L'enthousiasme est porté au comble par ces paroles, et, à en croire le cri unanime, la patrie est sauvée. Y avait-il là un roi et huit cents députés hypocrites qui, formant à l'improviste le projet de se tromper, feignaient l'oubli des injures pour se trahir ensuite avec plus de sûreté? Non, sans doute; un tel projet ne se forme pas chez un si grand nombre d'hommes, subitement, sans préméditation antérieure. Mais la haine pèse; il est si doux d'en décharger le poids! et d'ailleurs, à la vue des événements les plus menaçants, quel était le parti qui, dans l'incertitude de la victoire, n'eût consenti volontiers à garder le présent tel qu'il était, pourvu qu'il fût assuré? Ce fait prouve, comme tant d'autres, que la méfiance et la crainte produisaient toutes les haines, qu'un moment de confiance les faisait disparaître, et que le parti qu'on appelait républicain ne songeait pas à la république par système, mais par désespoir. Pourquoi, rentré dans son palais, le roi n'écrivait-il pas sur-le-champ à la Prusse et à l'Autriche? Pourquoi ne joignait-il pas à ces mesures secrètes quelque mesure publique et grande? Pourquoi ne disait-il pas comme son aïeul Louis XIV, à l'approche de l'ennemi : *Nous irons tous!*

Mais le soir on annonça à l'assemblée le résultat de la procédure instruite par le département contre Pétion et Manuel; et ce résultat était la suspension de ces deux magistrats. D'après ce qu'on a su depuis, de la bouche de Pétion lui-même, il est probable qu'il aurait pu empêcher le mouvement du 20 juin, puisque plus tard il en empêcha d'autres. A la vérité, on l'ignorait alors, mais on présumait fortement sa connivence avec les agitateurs, et de plus, on avait à lui reprocher quelques infractions aux lois, comme, par exemple, d'avoir mis la plus grande lenteur dans ses communications aux diverses autorités, et d'avoir souffert que le conseil de la commune prît un arrêté contraire à celui du département, en décidant que les pétitionnaires seraient reçus dans les rangs de la garde nationale. La suspension prononcée par le département était donc légale et courageuse, mais impolitique. Après la réconciliation du matin, n'y avait-il pas en effet la plus grande imprudence à signifier, le soir même, la suspension de deux magistrats jouissant de la plus grande popularité? A la vérité, le roi s'en référait à l'assemblée; mais elle ne dissimula pas son mécontentement, et elle lui renvoya la décision pour qu'il se prononçât lui-même. Les tribunes recommencèrent leurs cris accoutumés; une foule de pétitions vinrent demander *Pétion ou la mort;* et le député Grangeneuve, dont la personne avait été insultée, exigea le rapport contre l'auteur de l'outrage : ainsi la réconciliation était déjà oubliée. Brissot, dont le tour était venu de parler sur la question du danger public, demandait du temps pour modifier les expressions de son discours, à cause de la réconciliation qui était survenue depuis; il ne put néanmoins s'empêcher de rappeler tous les faits de négligence et de lenteur reprochés à la cour; et, malgré la prétendue réconciliation, il finit par demander qu'on traitât solennellement la question de la déchéance, qu'on accusât les ministres pour avoir notifié si tard les hostilités de la Prusse, que l'on créât une commission secrète composée de sept membres, et chargée de veiller au salut public, qu'on vendît les biens des émigrés, qu'on accélérât l'organisation des gardes nationales, et qu'enfin on déclarât sans délai *la patrie en danger.*

On apprit en même temps la conspiration de Dussaillant, ancien noble, qui, à la tête de quelques insurgés, s'était emparé du fort de Bannes, dans le département de l'Ardèche, et qui menaçait de là toute la contrée environnante. Les dispositions des puissances furent aussi exposées à l'assemblée par le ministère.

La maison d'Autriche, entraînant la Prusse, l'avait décidée à marcher contre la France; cependant les disciples de Frédéric murmuraient contre cette alliance impolitique. Les électorats étaient tous nos ennemis ouverts ou cachés. La Russie s'était déclarée la première contre la révolution, elle avait accédé au traité de Pilnitz, elle avait flatté les projets de Gustave, et secondé les émigrés; tout cela, pour tromper la Prusse et l'Autriche, et les porter toutes deux sur la France, tandis qu'elle agissait contre la Pologne. Dans le moment, elle traitait avec MM. de Nassau et d'Esterhazy, chefs des émigrés; cependant, malgré ses fastueuses promesses, elle leur avait seulement accordé une frégate, pour se délivrer de leur présence à Pétersbourg. La Suède était immobile depuis la mort de Gustave, et recevait nos vaisseaux. Le Danemark promettait une stricte neutralité. On pouvait se regarder comme en guerre avec la cour de Turin. Le pape préparait ses foudres. Venise était neutre, mais semblait vouloir protéger Trieste de ses flottes. L'Espagne, sans entrer ouvertement dans la coalition, ne semblait cependant pas disposée à exécuter le pacte de famille, et à rendre à la France les secours qu'elle en avait reçus. L'Angleterre s'engageait à la neutralité,

et en donnait de nouvelles assurances. Les États-Unis auraient voulu nous aider de tous leurs moyens, mais ces moyens étaient nuls, à cause de leur éloignement et de la faiblesse de leur population.

A ce tableau, l'assemblée voulait déclarer de suite la patrie en danger; cependant la déclaration fut renvoyée à un nouveau rapport de tous les comités réunis. Le 11 juillet, après ces rapports entendus, au milieu d'un silence profond, le président prononça la formule solennelle : CITOYENS! LA PATRIE EST EN DANGER!

Dès cet instant, les séances furent déclarées permanentes; des coups de canon tirés de moment en moment, annoncèrent cette grande crise; toutes les municipalités, tous les conseils de district et de département siégèrent sans interruption; toutes les gardes nationales se mirent en mouvement. Des amphithéâtres étaient élevés au milieu des places publiques, et des officiers municipaux y recevaient sur une table, portée par des tambours, le nom de ceux qui venaient s'enrôler volontairement : les enrôlements s'élevèrent jusqu'à quinze mille dans un jour.

La réconciliation du 7 juillet et le serment qui l'avait suivie n'avaient, comme on vient de voir, calmé aucune méfiance. On songeait toujours à se prémunir contre les projets du château, et l'idée de déclarer le roi déchu ou de le forcer à abdiquer, se présentait à tous les esprits, comme le seul remède possible aux maux qui menaçaient la France. Vergniaud n'avait fait qu'indiquer cette idée, et sous une forme hypothétique; d'autres, et surtout le député Torné, voulaient que l'on considérât comme une proposition positive la supposition de Vergniaud. Des pétitions de toutes les parties de la France vinrent prêter le secours de l'opinion publique à ce projet désespéré des députés patriotes.

Déja la ville de Marseille avait fait une pétition menaçante, lue à l'assemblée le 19 juin, et rapportée plus haut. Au moment où la patrie fut déclarée en danger, il en arriva plusieurs autres encore. L'une proposait d'accuser Lafayette, de supprimer le *veto* dans certains cas, de réduire la liste civile, et de réintégrer Manuel et Pétion dans leurs fonctions municipales. Une autre demandait, avec la suppression du *veto*, la publicité des conseils. Mais la ville de Marseille, qui avait donné le premier exemple de ces actes de hardiesse, les porta bientôt au dernier excès; elle fit une adresse par laquelle elle engageait l'assemblée à abolir la royauté dans la branche régnante, et à ne lui substituer qu'une royauté élective et sans *veto*, c'est-à-dire une véritable *magistrature exécutive*, comme dans les républiques. La stupeur produite par cette lecture fut bientôt suivie des applaudissements des tribunes, et de la proposition d'imprimer faite par un membre de l'assemblée. Cependant l'adresse fut renvoyée à la commission des douze, pour recevoir l'application de la loi qui déclarait infame tout projet d'altérer la constitution.

La consternation régnait à la cour; elle régnait aussi dans le parti patriote, que des pétitions hardies étaient loin de rassurer. Le roi croyait qu'on en voulait à sa personne; il s'imaginait que le 20 juin était un projet d'assassinat manqué; et c'était certainement une erreur, car rien n'eût été plus facile que l'exécution de ce crime, s'il eût été projeté. Craignant un empoisonnement, lui et sa famille prenaient leurs repas chez une dame de confiance de la reine, où ils ne mangeaient d'autres aliments que ceux qui étaient préparés dans les offices du château*. Comme le jour de la fédération approchait, la reine avait fait préparer pour le roi un plastron composé de plusieurs doublures d'étoffe, et capable de ré-

* Voyez la note 17 à la fin du volume.

sister à un premier coup de poignard. Cependant, à mesure que le temps s'écoulait, et que l'audace populaire augmentait, sans qu'aucune tentative d'assassinat eût lieu, le roi commençait à mieux comprendre la nature de ses dangers; il entrevoyait déjà que ce n'était plus un coup de poignard, mais une condamnation juridique qu'il avait à redouter; et le sort de Charles Ier obsédait continuellement son imagination souffrante.

Quoique rebuté par la cour, Lafayette n'en était pas moins résolu de sauver le roi; il lui fit donc offrir un projet de fuite très-hardiment combiné. Il s'était d'abord emparé de Luckner, et avait arraché à la facilité du vieux maréchal jusqu'à la promesse de marcher sur Paris. En conséquence, Lafayette voulait que le roi fît mander lui et Luckner, sous prétexte de les faire assister à la fédération. La présence de deux généraux lui semblait devoir imposer au peuple et prévenir tous les dangers qu'on redoutait pour ce jour-là. Le lendemain de la cérémonie, Lafayette voulait que Louis XVI sortît publiquement de Paris, sous prétexte d'aller à Compiègne faire preuve de sa liberté aux yeux de l'Europe. En cas de résistance, il ne demandait que cinquante cavaliers dévoués pour l'arracher de Paris. De Compiègne, des escadrons préparés devaient le conduire au milieu des armées françaises, où Lafayette s'en remettait à sa probité, pour la conservation des institutions nouvelles. Enfin, dans le cas où aucun de ces moyens n'aurait réussi, le général était décidé à marcher sur Paris avec toutes ses troupes *.

Soit que ce projet exigeât une trop grande hardiesse de la part de Louis XVI, soit aussi que la répugnance de la reine pour Lafayette l'empêchât d'accepter ses secours, le roi les refusa de nouveau, et lui fit faire une réponse assez froide, et peu digne du zèle que le général lui témoignait. « Le meilleur con-
« seil, portait cette réponse, à donner à M. de
« Lafayette, est de servir toujours d'épouvan-
« tail aux factieux, en remplissant bien son
« métier de général **. »

Le jour de la fédération approchait ; le peuple et l'assemblée ne voulaient pas que Pétion manquât à la solennité du 14. Déjà le roi avait voulu se décharger sur l'assemblée du soin d'approuver ou d'improuver l'arrêt du département, mais l'assemblée, comme on l'a vu, l'avait contraint à s'expliquer lui-même ;

* Voyez la note 18 à la fin du volume.
** Voyez la note 19 à la fin du volume.

elle le pressait tous les jours de faire connaître sa décision, pour que cette question pût être terminée avant le 14. Le 12, le roi confirma la suspension. Cette nouvelle augmenta le mécontentement. L'assemblée se hâta de prendre un parti à son tour, et il est facile de deviner lequel. Le lendemain, c'est-à-dire le 13, elle réintégra Pétion. Mais, par un reste de ménagement, elle ajourna sa décision relativement à Manuel, qu'on avait vu se promener en écharpe au milieu du tumulte du 20 juin, sans faire aucun usage de son autorité.

Enfin le 14 juillet 1792 arriva : combien les temps étaient changés depuis le 14 juillet 1790! Ce n'était plus ni cet autel magnifique desservi par trois cents prêtres, ni ce vaste champ couvert de soixante mille gardes nationaux, richement vêtus et régulièrement organisés; ni ces gradins latéraux chargés d'une foule immense, ivre de joie et de plaisir; ni enfin ce balcon où les ministres, la famille royale et l'assemblée assistaient à la première fédération! Tout était changé : on se haïssait comme après une fausse réconciliation, et tous les emblèmes annonçaient la guerre. Quatre-vingt-trois tentes figuraient les quatre-vingt-trois départements. A côté de chacune était un peuplier, au sommet duquel flottaient des banderoles aux trois couleurs. Une grande tente était destinée à l'assemblée et au roi, une autre aux corps administratifs de Paris. Ainsi toute la France semblait camper en présence de l'ennemi. L'autel de la patrie n'était plus qu'une colonne tronquée, placée au sommet de ces gradins qui existaient encore dans le Champ-de-Mars, depuis la première cérémonie. D'un côté on voyait un monument pour ceux qui étaient morts ou qui allaient mourir à la frontière; de l'autre un arbre immense appelé l'arbre de la féodalité. Il s'élevait au milieu d'un vaste bûcher, et portait sur ses branches des couronnes, des cordons bleus, des tiares, des chapeaux de cardinaux, des clefs de Saint-Pierre, des manteaux d'hermine, des bonnets de docteurs, des sacs de procès, des titres de noblesse, des écussons, des armoiries, etc. Le roi devait être invité à y mettre le feu.

Le serment devait être prêté à midi. Le roi s'était rendu dans les appartements de l'École-Militaire; il y attendait le cortége national, qui était allé poser la première pierre d'une colonne qu'on voulait placer sur les ruines de l'ancienne Bastille. Le roi avait une dignité calme, la reine s'efforçait de surmonter une douleur trop visible. Sa sœur, ses enfants l'entouraient. On s'émut dans les appartements par quelques expressions touchantes; les larmes mouillèrent les yeux de plus d'un assistant; enfin le cortége arriva. Jusque-là le Champ-de-Mars avait été presque vide; tout-à-coup la multitude fit irruption. Sous le balcon où était placé le roi, on vit défiler pêle-mêle des femmes, des enfants, des hommes ivres, criant *vive Pétion! Pétion ou la mort!* et portant sur leurs chapeaux les mots qu'ils avaient à la bouche; des fédérés se tenant sous le bras les uns les autres, et transportant un relief de la Bastille, avec une presse qu'on arrêtait de temps en temps, pour imprimer et répandre des chansons patriotiques. Après, venaient les légions de la garde nationale, les régiments de troupes de ligne, conservant avec peine la régularité de leurs rangs au milieu de cette populace flottante; enfin les autorités elles-mêmes et l'assemblée. Le roi descendit alors, et, placé au milieu d'un carré de troupes, il s'achemina, avec le cortège, vers l'autel de la patrie. La foule était immense au milieu du Champ-de-Mars, et ne permettait d'avancer que lentement. Après beaucoup d'efforts de la part des régiments, le roi parvint jusqu'aux marches de l'autel. La reine, placée sur le balcon qu'elle n'avait pas quitté, observait cette scène avec une lunette. La confusion sembla s'augmenter un instant autour de l'autel, et le roi descendre d'une marche; à cette vue la reine poussa un cri et jeta l'effroi autour d'elle. Cependant la cérémonie s'acheva sans accident. A peine le serment était prêté, qu'on s'empressa de courir à l'arbre de la féodalité. On voulait y entraîner le roi pour qu'il y mît le feu; mais il s'en dispensa en répondant avec à-propos qu'il n'y avait plus de féodalité. Il reprit alors sa marche vers l'École-Militaire. Les troupes, joyeuses de l'avoir sauvé, poussèrent des cris réitérés de *vive le roi!* La multitude, qui éprouve toujours le besoin de sympathiser, répéta ces cris, et fut aussi prompte à le fêter, qu'elle l'avait été à l'insulter quelques instants auparavant. L'infortuné Louis XVI parut aimé quelques heures encore: le peuple et lui-même le crurent un moment; mais les illusions même n'étaient plus faciles, et on commençait déjà à ne pouvoir plus se tromper. Le roi rentra au palais, satisfait d'avoir échappé à des périls qu'il croyait grands, mais très-alarmé encore de ceux qu'il entrevoyait dans l'avenir.

Les nouvelles qui arrivaient chaque jour de la frontière augmentaient les alarmes et l'agitation. La déclaration de *la patrie en danger* avait mis toute la France en mouvement, et avait provoqué le départ d'une foule de fédérés. Ils n'étaient que deux mille à Paris le jour de la fédération; mais ils y arrivaient incessamment, et leur manière de s'y conduire justifiait à la fois les craintes et les espérances qu'on avait conçues de leur présence dans la capitale. Tous volontairement enrôlés, ils composaient ce qu'il y avait de plus exalté dans les clubs de France. L'assemblée leur fit allouer trente sous par jour, et leur réserva exclusivement les tribunes. Bientôt ils lui firent la loi à elle-même par leurs cris et leurs applaudissements. Liés avec les jacobins, réunis dans un club qui, en quelques jours, surpassa la violence de tous les autres, ils étaient prêts à s'insurger au premier signal. Ils le déclarèrent même à l'assemblée par une adresse. Ils ne partiraient pas, disaient-ils, que les ennemis de l'intérieur ne fussent terrassés. Ainsi le projet de réunir à Paris une force insurrectionnelle était, malgré l'opposition de la cour, entièrement réalisé.

A ce moyen on en joignit d'autres. Les anciens soldats des gardes-françaises étaient distribués dans les régiments; l'assemblée ordonna qu'ils seraient réunis en corps de gendarmerie. Leurs dispositions ne pouvaient être douteuses, puisqu'ils avaient commencé la révolution. On objecta vainement que ces soldats, presque tous sous-officiers dans l'armée, en composaient la principale force. L'assemblée n'écouta rien, redoutant l'ennemi du dedans beaucoup plus que l'ennemi du dehors. Après s'être composé des forces, il fallait décomposer celles de la cour; à cet effet, l'assemblée ordonna l'éloignement de tous les régiments. Jusque-là elle était dans les termes de la constitution; mais ne se contentant pas de les écarter, elle leur enjoignit de se rendre à la frontière, et en cela elle usurpa la disposition de la force publique appartenant au roi.

Le but de cette mesure était surtout d'éloigner les Suisses, dont la fidélité ne pouvait être douteuse. Pour parer ce coup, le ministère fit agir M. d'Affry, leur commandant. Celui-ci s'appuya sur ses capitulations pour refuser de quitter Paris. On parut prendre en considération les raisons qu'il présentait, mais on ordonna provisoirement le départ de deux bataillons suisses.

Le roi, il est vrai, avait son *veto* pour résister à ces mesures, mais il avait perdu toute influence et ne pouvait plus user de sa prérogative. L'assemblée elle-même ne pouvait pas toujours résister aux propositions faites par certains de ses membres, et constamment appuyées par les applaudissements des tribunes. Jamais elle ne manquait de se prononcer pour la modération quand c'était possible; et tandis qu'elle consentait d'une part aux mesures les plus insurrectionnelles, on la voyait de l'autre approuver et accueillir les pétitions les plus modérées.

Les mesures prises, les pétitions, le langage qu'on tenait dans toutes les conversations, annonçaient une révolution prochaine. Les girondins la prévoyaient et la désiraient, mais ils n'en distinguaient pas clairement les moyens, et ils en redoutaient l'issue. Au-dessous d'eux on se plaignait de leur inertie; on les accusait de mollesse et d'incapacité. Tous les chefs de clubs et de sections, fatigués d'une éloquence sans résultat, demandaient à grands cris une direction active et unique, pour que les efforts populaires ne fussent pas infructueux. Il y avait aux Jacobins une salle pour le travail des correspondances. On y avait établi un comité central des fédérés pour se concerter et s'entendre. Afin que les résolutions fussent plus secrètes et plus énergiques, on réduisit ce comité à cinq membres, et il reçut entre eux le nom de *comité insurrectionnel*. Ces cinq membres étaient les nommés Vaugeois, grand-vicaire; Debessé de la Drôme; Guillaume, professeur à Caen; Simon, journaliste à Strasbourg; Galissot de Langres. Bientôt on y joignit Carra, Gorsas, Fournier l'Américain, Westermann, Kienlin de Strasbourg, Santerre; Alexandre, commandant du faubourg Saint-Marceau; un Polonais, nommé Lazouski, capitaine des canonniers dans le bataillon de Saint-Marceau; un ex-constituant, Antoine de Metz; deux électeurs, Lagrey et Garin. Manuel, Camille Desmoulins, Danton s'y réunirent ensuite, et y exercèrent la plus grande influence*. On s'entendit avec Barbaroux, qui promit la coopération de ses Marseillais, dont l'arrivée était impatiemment attendue. On se mit en communication avec le maire Pétion, et on obtint de lui la promesse de ne pas empêcher l'insurrection. On lui promit en retour de faire garder sa demeure, et de l'y consigner, pour justifier son inaction par une apparence de contrainte, si l'entreprise ne réussissait pas. Le projet définitivement arrêté fut de se rendre en armes au château, et de déposer le roi. Mais il fallait mettre le peuple en mouvement, et une circonstance extraordinaire était indispensable pour y réussir. On cherchait à la pro-

* Voyez la note 20 à la fin du volume.

duire, et on s'en entretenait aux Jacobins. Le député Chabot s'étendait avec l'ardeur de son tempérament sur la nécessité d'une grande résolution, et disait que pour la déterminer il serait à désirer que la cour attentât aux jours d'un député. Grangeneuve, député lui-même, écoutait ce discours : c'était un homme d'un esprit médiocre, mais d'un caractère dévoué. Il prend Chabot à part. — Vous avez raison, lui dit-il ; il faut qu'un député périsse, mais la cour est trop habile pour nous fournir une occasion aussi belle. Il faut y suppléer, et me tuer au plus tôt aux environs du château. Gardez le secret et préparez les moyens. — Chabot, saisi d'enthousiasme, lui offre de partager son sort. Grangeneuve accepte en lui disant que deux morts feront plus d'effet qu'une. Ils conviennent du jour, de l'heure, des moyens pour se tuer et ne pas *s'estropier*, disent-ils ; et ils se séparèrent, résolus de s'immoler pour le succès de la cause commune. Grangeneuve, décidé à tenir parole, met ordre à ses affaires domestiques, et à dix heures et demie du soir, s'achemine au lieu du rendez-vous. Chabot n'y était pas. Il attend. Chabot ne venant pas, il imagine que sa résolution est changée, mais il espère que du moins l'exécution aura lieu pour lui-même. Il va et vient plusieurs fois, attendant le coup mortel ; mais il est obligé de retourner sain et sauf, sans avoir pu s'immoler pour une calomnie.

On attendait donc impatiemment l'occasion qui ne se présentait pas, et on s'accusait réciproquement de manquer de force, d'habileté et d'ensemble. Les députés girondins, le maire Pétion, enfin tous les hommes en évidence, qui, soit à la tribune, soit dans leurs fonctions, étaient obligés de parler le langage de la loi, se mettaient toujours plus à l'écart, et condamnaient ces agitations continuelles qui les compromettaient sans amener un résultat. Ils reprochaient aux agitateurs subalternes d'épuiser leurs forces dans des mouvements partiels et inutiles, qui exposaient le peuple sans produire un événement décisif. Ceux-ci, au contraire, qui faisaient dans leurs cercles ce qu'ils pouvaient, reprochaient aux députés et au maire Pétion leurs discours publics, et les accusaient de retenir l'énergie du peuple. Ainsi les députés blâmaient la masse de n'être pas organisée, et celle-ci se plaignait à eux de ne pas l'être. On sentait surtout le besoin d'avoir un chef. Il faut un homme, était le cri général ; mais lequel ? On n'en voyait aucun parmi les députés. Ils étaient tous plutôt orateurs que conspirateurs ; et d'ailleurs leur élévation et leur genre de vie les éloignaient trop de la multitude, sur laquelle il fallait agir. Il en était de même de Roland, de Servan, de tous ces hommes dont le courage n'était pas douteux, mais que leur rang plaçait trop au-dessus du peuple. Pétion, par ses fonctions, aurait pu communiquer facilement avec la multitude ; mais Pétion était froid, impassible, et plus capable de mourir que d'agir. Il avait pour système d'arrêter les petites agitations au profit d'une insurrection décisive; mais en le suivant à la rigueur, il contrariait les mouvements de chaque jour, et il perdait toute faveur auprès des agitateurs qu'il paralysait sans les dominer. Il leur fallait un chef qui, n'étant pas sorti encore du sein de la multitude, n'eût pas perdu tout pouvoir sur elle, et qui eût reçu de la nature le génie de l'entraînement.

Un vaste champ s'était ouvert dans les clubs, les sections et les journaux révolutionnaires. Beaucoup d'hommes s'y étaient fait remarquer, mais aucun n'avait encore acquis une supériorité marquée. Camille Desmoulins s'était distingué par sa verve, son cynisme, son audace, et par sa promptitude à attaquer tous les hommes qui semblaient se ralentir dans la carrière révolutionnaire. Il était connu des dernières classes ; mais il n'avait ni les poumons d'un orateur populaire, ni l'activité et la force entraînante d'un chef de parti.

Un autre journaliste avait acquis une effrayante célébrité : c'était Marat, connu sous le nom de l'*Ami du peuple*, et devenu, par ses provocations au meurtre, un objet d'horreur pour tous les hommes qui conservaient encore quelque modération. Né à Neuchâtel, et livré à l'étude des sciences physiques et médicales, il avait attaqué avec audace les systèmes les mieux établis, et avait prouvé une activité d'esprit pour ainsi dire convulsive. Il était médecin dans les écuries du comte d'Artois, lorsque la révolution commença. Il se précipita sans hésiter dans cette nouvelle carrière, et se fit bientôt remarquer dans sa section. Sa taille était médiocre, sa tête volumineuse, ses traits prononcés, son teint livide, son œil ardent, sa personne négligée. Il n'eût paru que ridicule ou hideux, mais tout-à-coup on entendit sortir de ce corps étrange des maximes bizarres et atroces, proférées avec un accent dur et une insolente familiarité. Il fallait abattre, disait-il, plusieurs mille têtes, et détruire tous les aristocrates, qui rendaient la liberté impossible. L'horreur et le mépris s'amoncelèrent autour de lui. On le heurtait, on lui marchait sur les pieds, on se jouait de sa misérable personne; mais, habitué aux luttes scientifiques et aux assertions les plus étranges, il avait appris à mépriser ceux qui le méprisaient, et il les plaignait comme incapables de le comprendre. Il étala dès lors dans ses feuilles l'affreuse doctrine dont il était rempli. La vie souterraine à laquelle il était condamné pour échapper à la justice, avait exalté son tempérament, et les témoignages de l'horreur publique l'enflammaient encore davantage. Nos mœurs polies n'étaient à ses yeux que des vices qui s'opposaient à l'égalité républicaine ; et, dans sa haine ardente pour les obstacles, il ne voyait qu'un moyen de salut, l'extermination. Ses études et ses expériences sur l'homme physique avaient dû l'habituer à vaincre l'aspect de la douleur ; et sa pensée ardente, ne se trouvant arrêtée par aucun instinct de sensibilité, allait directement à son but par des voies de sang. Cette idée même d'opérer par la destruction s'était peu à peu systématisée dans sa tête. Il voulait un dictateur, non pour lui procurer le plaisir de la toute-puissance, mais pour lui imposer la charge terrible d'épurer la société. Ce dictateur devait avoir un boulet aux pieds pour être toujours sous la main du peuple ; il ne fallait lui laisser qu'une seule faculté, celle d'indiquer les victimes, et d'ordonner pour unique châtiment la mort. Marat ne connaissait que cette peine, parce qu'il ne punissait pas, mais supprimait l'obstacle.

Voyant partout des aristocrates conspirant contre la liberté, il recueillait çà et là tous les faits qui satisfaisaient sa passion; il dénonçait avec fureur, et avec une légèreté qui venait de sa fureur même, tous les noms qu'on lui désignait, et qui souvent n'existaient pas. Il les dénonçait sans haine personnelle, sans crainte et même sans danger pour lui-même, parce qu'il était hors de tous les rapports humains, et que ceux de l'outragé à l'outrageant n'existaient plus entre lui et ses semblables.

Décrété récemment avec Royou, l'*Ami du roi*, il s'était caché chez un avocat obscur et misérable qui lui avait donné asile. Barbaroux fut appelé auprès de lui. Barbaroux s'était livré à l'étude des sciences physiques, et avait autrefois connu Marat. Il ne put se dispenser de se rendre à sa demande, et crut, en l'écoutant, que sa tête était dérangée. Les Français, à entendre cet homme effrayant, n'étaient que de mesquins révolutionnaires. « Donnez-moi, disait-il, deux cents Napolitains, armés de poignards et portant à leur bras gauche un manchon en guise de bouclier; avec eux je parcourrai la France, et je ferai la révolution. » Il voulait, pour signaler les aristocrates, que l'assemblée leur ordonnât de porter un ruban blanc au bras, et qu'elle permît de les tuer, quand ils seraient trois réunis. Sous le nom d'aristocrates, il comprenait les royalistes, les feuillants, les girondins; et quand, par hasard, on lui parlait de la difficulté de les reconnaître, — il n'y avait pas, disait-il, à s'y tromper; il fallait tomber sur ceux qui avaient des voitures, des valets, des habits de soie, et qui sortaient des spectacles : c'étaient sûrement des aristocrates.

Barbaroux sortit épouvanté. Marat, obsédé de son atroce système, s'inquiétait peu des moyens d'insurrection, et il était d'ailleurs incapable de les préparer. Dans ses rêves meurtriers, il se complaisait dans l'idée de se retirer à Marseille. L'enthousiasme républicain de cette ville lui faisait espérer d'y être mieux compris et mieux accueilli. Il songea donc à s'y réfugier, et voulait que Barbaroux l'y envoyât sous sa recommandation; mais celui-ci ne voulait pas faire un pareil présent à sa ville natale, et il laissa là cet insensé dont il ne prévoyait pas alors l'apothéose.

Le systématique et sanguinaire Marat n'était donc pas le chef actif qui aurait pu réunir ces masses éparses et fermentant confusément.

Robespierre en aurait été plus capable, parce
qu'il s'était fait aux Jacobins une clientèle
d'auditeurs, ordinairement plus active qu'une
clientèle de lecteurs; mais il n'avait pas non
plus toutes les qualités nécessaires. Robespierre, médiocre avocat d'Arras, fut député
par cette ville aux états-généraux. Là, il s'était
lié avec Pétion et Buzot, et soutenait avec
âpreté les opinions que ceux-ci défendaient
avec une conviction profonde et calme. Il parut
d'abord ridicule par la pesanteur de son débit
et la pauvreté de son éloquence; mais son opiniâtreté lui attira quelque attention, surtout à
l'époque de la révision. Lorsque après la scène
du Champ-de-Mars, on répandit le bruit que le
procès allait être fait aux signataires de la pétition des jacobins, sa terreur et sa jeunesse
inspirèrent de l'intérêt à Buzot et à Roland;
et on lui offrit un asile. Mais il se rassura bientôt; et l'assemblée s'étant séparée, il se re-
trancha chez les Jacobins, où il continua ses
harangues dogmatiques et ampoulées. Élu ac-
cusateur public, il refusa ces nouvelles fonctions, et ne songea qu'à se donner la double
réputation de patriote incorruptible et d'orateur éloquent.

Ses premiers amis, Pétion, Buzot, Brissot,
Roland, le recevaient chez eux, et voyaient

avec peine son orgueil souffrant qui se revelait dans ses regards et dans tous ses mouvements. On s'intéressait à lui, et on regrettait que, songeant si fort à la chose publique, il songeât aussi tant à lui-même. Cependant il était trop peu important pour qu'on lui en voulût de son orgueil, et on lui pardonnait en faveur de sa médiocrité et de son zèle. On remarquait surtout que, silencieux dans toutes les réunions, et donnant rarement son avis, il était le premier le lendemain à produire à la tribune les idées qu'il avait recueillies chez les autres. On lui en fit l'observation, sans lui adresser de reproches; et bientôt il détesta cette réunion d'hommes supérieurs comme il avait détesté celle des constituants. Alors il se retira tout-à-fait aux Jacobins, où, comme on l'a vu, il différa d'avis avec Brissot et Louvet, sur la question de la guerre, et les appela, peut-être même les crut mauvais citoyens, parce qu'ils pensaient autrement que lui, et soutenaient leur avis avec éloquence. Etait-il de bonne foi lorsqu'il soupçonnait sur-le-champ ceux qui l'avaient blessé, ou bien les calomniait-il sciemment? Ce sont là les mystères des ames. Mais avec une raison étroite et commune, avec une extrême susceptibilité, il était très-disposé à s'irriter, et difficile à éclairer ; et il n'est pas impossible qu'une haine d'orgueil ne se changeât chez lui en une haine de principes, et qu'il crût méchants tous ceux qui l'avaient offensé.

Quoi qu'il en soit, dans le cercle inférieur où il s'était placé, il excita l'enthousiasme par son dogmatisme et par sa réputation d'incorruptibilité. Il fondait ainsi sa popularité sur les passions aveugles et les esprits médiocres. L'austérité, le dogmatisme froid, captivent les caractères ardents, souvent même les intelligences supérieures. Il y avait en effet des hommes disposés à prêter à Robespierre une véritable énergie, et des talents supérieurs aux siens. Camille Desmoulins l'appelait son Aristide, et le trouvait éloquent.

D'autres sans talents, mais subjugués par son pédantisme, allaient répétant que c'était l'homme qu'il fallait mettre à la tête de la révolution, et que sans ce dictateur, elle ne pourrait marcher. Pour lui, permettant à ses partisans tous ces propos, il ne se montrait jamais dans les conciliabules des conjurés. Il se plaignit même d'être compromis, parce que l'un d'eux, habitant dans la même maison que lui, y avait réuni quelquefois le comité insurrectionnel. Il se tenait donc en arrière, laissant agir ses prôneurs Panis, Sergent, Osselin, et autres membres des sections et des conseils municipaux

Marat, qui cherchait un dictateur, voulut s'assurer si Robespierre pouvait l'être. La personne négligée et cynique de Marat contrastait avec celle de Robespierre, qui était plein de réserve et de soins pour lui-même. Retiré dans un cabinet élégant, où son image était reproduite de toutes les manières, en peinture, en gravure, en sculpture, il s'y livrait à un travail opiniâtre, et relisait sans cesse Rousseau, pour y composer ses discours. Marat le vit, ne trouva en lui que de petites haines personnelles, point de grand système, point de cette audace sanguinaire qu'il puisait dans sa monstrueuse conviction, point de génie enfin; il sortit plein de mépris pour ce *petit homme*, le déclara incapable de sauver l'état, et se persuada d'autant plus qu'il possédait seul le grand système social.

Les partisans de Robespierre entourèrent Barbaroux, et voulurent le conduire chez lui, disant qu'il fallait *un homme*, et que Robespierre seul pouvait l'être. Ce langage déplut à Barbaroux, dont la fierté se pliait peu à l'idée de la dictature, et dont l'imagination ardente était déjà séduite par la vertu de Roland et les talents de ses amis. Il alla cependant chez Robespierre. Il fut question dans l'entretien, de Pétion, dont la popularité offusquait Robespierre, et qui, disait-on, était incapable de servir la révolution. Barbaroux répondit avec humeur aux reproches qu'on adressait à Pétion, et défendit vivement un caractère qu'il admirait. Robespierre parla de la révolution, et répéta, suivant son usage, qu'il en avait accéléré la marche. Il finit, comme tout le monde, par dire qu'il fallait un homme. Barbaroux répondit qu'il ne voulait ni dictateur ni roi. Fréron répliqua que Brissot voulait l'être. On se rejeta ainsi le reproche, et on ne s'entendit pas. Quand on se quitta, Panis, voulant corriger le mauvais effet de cette entrevue, dit à Barbaroux qu'il avait mal saisi la chose, qu'il ne s'agissait que d'une autorité momentanée, et que Robespierre était le seul homme auquel on pût la donner. Ce sont ces propos vagues, ces petites rivalités, qui persuadèrent faussement aux girondins que Robespierre voulait usurper. Une ardente jalousie fut prise en lui pour de l'ambition; mais c'était une de ces erreurs que le regard troublé des partis commet toujours. Robespierre, capable tout au plus de haïr le mérite, n'avait ni la force ni le génie de l'ambition, et ses partisans avaient pour lui des prétentions qu'il n'aurait pas osé concevoir lui-même.

Danton était plus capable qu'aucun autre d'être ce chef que toutes les imaginations désiraient, pour mettre de l'ensemble dans les mouvements révolutionnaires. Il s'était jadis essayé au barreau, et n'y avait pas réussi. Pauvre et dévoré de passions, il s'était jeté dans les troubles politiques avec ardeur, et probablement avec des espérances. Il était ignorant, mais doué d'une intelligence supérieure et d'une imagination vaste. Ses formes athlétiques, ses traits écrasés et un peu africains, sa voix tonnante, ses images bizarres, mais grandes, captivaient l'auditoire des cordeliers et des sections. Son visage exprimait tour à tour les passions brutales, la jovialité, et même la bienveillance. Danton ne haïssait et n'enviait personne, mais son audace était extraordinaire; et dans certains moments d'entraînement, il était capable d'exécuter tout ce que l'atroce intelligence de Marat était capable de concevoir.

Une révolution dont l'effet imprévu, mais inévitable, avait été de soulever les basses classes de la société contre les classes élevées, devait réveiller l'envie, faire naître des systèmes, et déchaîner des passions brutales. Robespierre fut l'envieux; Marat, le systématique; et Danton fut l'homme passionné, violent, mobile, et tour à tour cruel ou génereux. Si les deux premiers, obsédés, l'un par une envie dévorante, l'autre par de sinistres systèmes, durent avoir peu de ces besoins qui rendent les hommes accessibles à la corruption, Danton, au contraire, plein de passions, avide de jouir, ne dut être rien moins qu'incorruptible. Sous prétexte de lui rembourser une ancienne charge d'avocat au conseil, la cour lui donna des sommes assez considérables; mais elle réussit à le payer et non à le gagner. Il n'en continua pas moins à haranguer et à exciter contre elle la multitude des clubs. Quand on lui reprochait de ne pas exécuter son marché, il répondait que pour se conserver le moyen de servir la cour, il devait en apparence la traiter en ennemie.

Danton était donc le plus redoutable chef de ces bandes qu'on gagnait et conduisait par la parole. Mais audacieux, entraînant au moment décisif, il n'était pas propre à ces soins assidus qu'exige l'envie de dominer; et quoique très-influent sur les conjurés, il ne les gouvernait pas encore. Il était capable seulement, dans un moment d'hésitation, de les ranimer et de les porter au but par une impulsion décisive.

Les divers membres du comité insurrectionnel n'avaient pas encore pu s'entendre. La cour, instruite de leurs moindres mouvements, prenait de son côté quelques mesures pour se mettre à l'abri d'une attaque soudaine, et se donner le temps d'attendre en sûreté l'arrivée des puissances coalisées. Elle avait formé et établi près du château un club, appelé le club français, qui se composait d'ouvriers et de soldats de la garde nationale. Ils avaient tous leurs armes cachées dans le local même de leurs séances, et pouvaient, dans un cas pressant, courir au secours de la famille royale. Cette seule réunion coûtait à la liste civile 10,000 francs par jour. Un Marseillais, nommé Lieutaud, entretenait en outre une troupe qui occupait alternativement les tribunes, les places publiques, les cafés et les cabarets, pour y parler en faveur du roi, et pour résister aux continuelles émeutes des patriotes*. Partout en effet on se disputait, et presque toujours des paroles on en venait aux coups; mais malgré tous les efforts de la cour, ses partisans étaient clair-semés, et la partie de la garde nationale qui lui était dévouée, se trouvait réduite au plus grand découragement.

Un grand nombre de serviteurs fidèles, éloi-

---

* Voyez Bertrand de Molleville, tomes VIII et IX.

gnés jusque-là du trône, accouraient pour défendre le roi, et lui faire un rempart de leurs corps. Leurs réunions étaient fréquentes et nombreuses au château, et elles augmentaient la méfiance publique. On les appelait *chevaliers du poignard*, depuis la scène de février 1791. On avait donné des ordres pour réunir secrètement la garde constitutionnelle, qui, quoique licenciée, avait toujours reçu ses appointements. Pendant ce temps, les conseils se croisaient autour du roi, et produisaient dans son ame faible et naturellement incertaine, les perplexités les plus douloureuses. Des amis sages, et entre autres Malesherbes *, lui conseillaient d'abdiquer; d'autres, et c'était le plus grand nombre, voulaient qu'il prît la fuite; du reste, ils n'étaient d'accord ni sur les moyens, ni sur le lieu, ni sur le résultat de l'évasion. Pour mettre quelque ensemble dans ces divers plans, le roi voulut que Bertrand de Molleville s'entendît avec Duport le constituant. Le roi avait beaucoup de confiance en ce dernier, et il fut obligé de donner un ordre positif à Bertrand, qui prétendait ne vouloir entretenir aucune relation avec un constitutionnel tel que Duport. Dans ce co-

* Voyez Bertrand de Molleville.

mité se trouvaient encore Lally-Tolendal, Malouet, Clermont-Tonnerre, Gouvernet et autres, tous dévoués à Louis XVI, mais, hors ce point, différant assez d'opinion sur la part qu'il faudrait faire à la royauté, si on parvenait à la sauver. On y résolut la fuite du roi, et sa retraite au château de Gaillon, en Normandie. Le duc de Liancourt, ami de Louis XVI, et jouissant de toute sa confiance, commandait cette province; il répondait de ses troupes et des habitants de Rouen, qui s'étaient prononcés par une adresse énergique contre le 20 juin. Il offrait de recevoir la famille royale, et de la conduire à Gaillon, ou de la remettre à Lafayette, qui la transporterait au milieu de son armée. Il donnait en outre toute sa fortune pour seconder l'exécution de ce projet, et ne demandait à réserver à ses enfants que cent louis de rente. Ce plan convenait aux membres constitutionnels du comité, parce qu'au lieu de mettre le roi dans les mains de l'émigration, il le plaçait auprès du duc de Liancourt et de Lafayette. Par le même motif, il répugnait aux autres, et risquait de déplaire à la reine et au roi. Le château de Gaillon avait le grand avantage de n'être qu'à trente-six lieues de la mer, et d'offrir, par la Normandie, province bien disposée, une fuite facile en Angleterre. Il en avait encore un autre, c'était de n'être qu'à vingt lieues de Paris. Le roi pouvait donc s'y rendre sans manquer à la loi constitutionnelle, et c'était beaucoup pour lui, car il tenait singulièrement à ne pas se mettre en état de contravention ouverte.

M. de Narbonne et la fille de Necker, madame Staël, imaginèrent aussi un projet de fuite. L'émigration, de son côté, proposa le sien : c'était de transporter le roi à Compiègne, et de là sur les bords du Rhin par la forêt des Ardennes. Chacun veut conseiller un roi faible, parce que chacun aspire à lui donner une volonté qu'il n'a pas. Tant d'inspirations contraires ajoutaient à l'indécision naturelle de Louis XVI; et ce prince malheureux, assiégé de conseils, frappé de la raison des uns, entraîné par la passion des autres, tourmenté de craintes sur le sort de sa famille, agité par les scrupules de sa conscience, hésitait entre mille projets, et voyait arriver le flot populaire sans oser ni le braver, ni le fuir.

Les députés girondins, qui avaient si hardiment abordé la question de la déchéance, demeuraient cependant incertains à la veille d'une insurrection; quoique la cour fût presque désarmée, et que la toute-puissance se trouvât du côté du peuple, néanmoins l'approche des Prussiens, et la crainte qu'inspire toujours un ancien pouvoir, même après qu'il a été privé de ses forces, leur persuadèrent qu'il vaudrait encore mieux transiger avec la cour, que de s'exposer aux chances d'une attaque. Dans le cas même où cette attaque serait heureuse, ils craignaient que l'arrivée très-prochaine des étrangers ne détruisît tous les résultats d'une victoire sur le château, et ne fît succéder de terribles vengeances à un succès d'un moment. Cependant, malgré cette disposition à traiter, ils n'ouvrirent point de négociations à ce sujet, et n'osèrent pas prendre l'initiative; mais ils écoutèrent un nommé Boze, peintre du roi, et très-lié avec Thierry, valet de chambre de Louis XVI. Le peintre Boze, effrayé des dangers de la chose publique, les engagea à écrire ce qu'ils croiraient propre, dans cette extrémité, à sauver le roi et la liberté. Ils firent donc une lettre qui fut signée par Guadet, Gensonné, Vergniaud, et qui commençait par ces mots ; *Vous nous demandez, monsieur, quelle est notre opinion sur la situation actuelle de la France...* Ce début prouve assez que l'explication avait été provoquée. Il n'était plus temps pour le roi, disaient à Boze les trois députés, de se rien dissimuler, et il s'abuserait étrangement s'il ne voyait pas que sa conduite était la cause de l'agitation générale, et de cette violence des clubs dont il se plaignait sans cesse; de nouvelles protestations de sa part seraient inutiles et paraîtraient dérisoires; au point où se trouvaient les choses, il ne fallait pas moins que des démarches décisives pour rassurer le peuple : tout le monde, par exemple, croyait fermement qu'il était au pouvoir du roi d'écarter les armées étrangères; il fallait donc qu'il commençât par ordonner cet éloignement; il devait ensuite choisir un ministère patriote, congédier Lafayette qui, dans l'état des choses, ne pouvait plus servir utilement; rendre une loi pour l'éducation constitutionnelle du jeune dauphin, soumettre la liste civile à une comptabilité publique, et déclarer solennellement qu'il n'accepterait pour lui-même d'augmentation de pouvoir, que du consentement libre de la nation. A ces conditions, ajoutaient les Girondins, il était à espérer que l'irritation se calmerait, et qu'avec du temps et de la persévérance dans ce système, le roi recouvrerait la confiance qu'il avait aujourd'hui tout-à-fait perdue.

Certes, les Girondins se trouvaient alors bien près d'atteindre leur but, si véritablement ils avaient conspiré jusqu'à cet instant et depuis long-temps pour la réalisation d'une république; et l'on voudrait qu'ils se fussent arrêtés tout-à-coup au moment de réussir, pour faire donner le ministère à trois de leurs amis! Voilà ce qui ne peut être; et il devient évident que la république ne fut désirée qu'en désespoir de la monarchie, que jamais elle ne fut un véritable projet, et que même, à la veille de l'obtenir, ceux qu'on accuse de l'avoir longuement préparée, ne voulaient pas sacrifier la chose publique au triomphe de ce système, et consentaient à garder la monarchie constitutionnelle, pourvu qu'elle fût entourée d'assez de sécurité. Les Girondins, en demandant l'éloignement des troupes, prouvaient assez que le danger actuel seul les occupait; l'attention qu'ils donnaient à l'éducation du dauphin, prouve suffisamment encore, que la monarchie n'était pas pour eux un avenir insupportable.

On a prétendu que Brissot, de son côté, avait fait des propositions pour empêcher la déchéance, et qu'il y avait mis la condition d'une somme très-forte. Cette assertion est de Bertrand de Molleville, qui a toujours calomnié par deux raisons: méchanceté de cœur et fausseté d'esprit. Mais il n'en donne aucune preuve; et la pauvreté connue de Brissot, sa conviction exaltée, doivent répondre pour lui. Il ne serait pas impossible sans doute que la cour eût donné de l'argent à l'adresse de Brissot, mais cela ne prouverait pas que l'argent eût été ou demandé ou reçu par lui. Le fait déjà rapporté plus haut sur la corruption de Pétion, promise à la cour par des escrocs, ce fait et beaucoup d'autres du même genre montrent assez quelle confiance il faut ajouter à ces accusations de vénalité, si souvent et si facilement hasardées. D'ailleurs, quoi qu'il en puisse être de Brissot, les trois députés Gensonné, Guadet, Vergniaud, n'ont pas même été accusés, et ils furent les seuls signataires de la lettre remise à Boze.

Le cœur ulcéré du roi était moins capable que jamais d'écouter leurs sages avis. Thierry lui présenta la lettre, mais il la repoussa durement, et fit ses deux réponses accoutumées, que ce n'était pas lui, mais le ministère patriote, qui avait provoqué la guerre; et que, quant à la constitution, il l'observait fidèlement, tandis que d'autres mettaient tous leurs soins à la détruire*. Ces raisons n'étaient pas très-justes; car, bien qu'il n'eût pas provoqué la guerre, ce n'en était pas moins un devoir pour lui de la bien soutenir; et, quant à sa fidélité scrupuleuse à la lettre de la loi, c'était

---

* Voyez la note 21 à la fin du volume.

peu que l'observation du texte, il fallait encore ne pas compromettre la chose même, en appelant l'étranger.

Il faut sans doute attribuer à l'espérance qu'avaient les Girondins de voir leurs avis écoutés, les ménagements qu'ils gardèrent, lorsqu'on voulut soulever dans l'assemblée la question de la déchéance tous les jours agitée dans les clubs, dans les groupes et les pétitions. Chaque fois qu'ils venaient, au nom de la commission des douze, parler du danger de la patrie et des moyens d'y remédier, remontez *à la cause* du danger, leur disait-on; *à la cause*, répétaient les tribunes. Vergniaud, Brissot et les Girondins répondaient que la commission avait les yeux *sur la cause*, et que lorsqu'il en serait temps on la dévoilerait; mais que pour le moment il fallait ne pas jeter encore un nouveau levain de discorde.

Mais il était décidé que tous les moyens et les projets de transaction échoueraient; et la catastrophe, prévue et redoutée, arriva bientôt, comme nous le verrons ci-après.

CHAPITRE V.

Arrivée des Marseillais à Paris; dîner et scènes sanglantes aux Champs-Élysées. — Manifeste du duc de Brunswick. — Les sections de Paris demandent la déchéance du roi. — Le roi refuse de fuir. — L'assemblée rejette la proposition d'accuser Lafayette. — Préparatifs de l'insurrection; moyens de défense du château. — Insurrection du 10 août; les faubourgs s'emparent des Tuileries après un combat sanglant; le roi se retire à l'assemblée; suspension du pouvoir royal; convocation d'une convention nationale.

A la suite d'une fête donnée aux fédérés, le comité insurrectionnel décida qu'on partirait le matin, 26 juillet, sur trois colonnes, pour se rendre au château, et qu'on marcherait avec le drapeau rouge, et avec cette inscription : *Ceux qui tireront sur les colonnes du peuple, seront mis à mort sur-le-champ*. Le résultat devait être de constituer le roi prisonnier, et de l'enfermer à Vincennes. On avait engagé la garde nationale de Versailles à seconder ce mouvement; mais on l'avait avertie si tard, et on était si peu d'accord avec elle, que ses officiers vinrent à la mairie de Paris, le matin même, pour savoir ce qu'il fallait faire. Le secret d'ailleurs fut si mal gardé, que la cour était déjà avertie, toute la famille royale debout, et le château plein de monde. Pétion, voyant que les mesures avaient été mal prises, craignant quelque trahison, et considérant surtout que les Marseillais n'étaient point encore arrivés, se rendit en toute hâte au faubourg, pour arrêter un mouvement qui devait perdre le parti populaire, s'il ne réussissait pas.

Le tumulte était affreux dans les faubourgs; on y avait sonné le tocsin toute la nuit. Pour exciter le peuple, on avait répandu le bruit qu'il existait au château un amas d'armes qu'il fallait aller chercher. Pétion parvint avec beaucoup de peine à ramener l'ordre; le garde-des-sceaux Champion de Cicé, qui s'y était rendu de son côté, y reçut des coups de sabre; enfin le peuple consentit à se retirer, et l'insurrection fut ajournée.

Les querelles, les contestations de détail par lesquelles on prélude d'ordinaire à une rupture définitive, continuèrent sans interruption. Le roi avait fait fermer le jardin des Tuileries depuis le 20 juin. La terrasse des Feuillants, aboutissant à l'assemblée, était seule ouverte, et des sentinelles avaient la consigne de ne laisser passer personne, de cette terrasse dans le jardin. Despréménil y fut rencontré s'entretenant vivement avec un député. Il fut hué, poursuivi dans le jardin, et porté jusqu'au Palais-Royal, où il reçut plusieurs blessures. Les consignes qui empêchaient de pénétrer dans le jardin ayant été violées, il fut question d'y suppléer par un décret. Cependant le décret ne fut pas rendu; on proposa seulement d'y mettre un écriteau portant ces mots: *Défense de passer sur le territoire étranger.* L'écriteau fut placé, et suffit pour empêcher le peuple d'y mettre les pieds, quoique le roi eût fait lever les consignes. Ainsi les procédés n'étaient déjà plus ménagés. Une lettre de Nancy, par exemple, annonçait plusieurs traits civiques qui avaient eu lieu dans cette ville; sur-le-champ l'assemblée en envoya copie au roi.

Enfin le 30, les Marseillais arrivèrent. Ils étaient cinq cents, et comptaient dans leurs rangs tout ce que le Midi renfermait de plus exalté, et tout ce que le commerce amenait de plus turbulent dans le port de Marseille. Barbaroux se rendit au-devant d'eux à Charenton.

A cette occasion, un nouveau projet fut concerté avec Santerre. Sous prétexte d'aller au-devant des Marseillais, on voulait réunir les faubourgs, se rendre ensuite en bon ordre au Carrousel, et y camper sans tumulte, jusqu'à ce que l'assemblée eût suspendu le roi, ou qu'il eût volontairement abdiqué. Ce projet plaisait aux philantropes du parti, qui auraient voulu terminer cette révolution sans effusion de sang. Cependant il manqua, parce que Santerre ne réussit pas à réunir le faubourg, et ne put amener qu'un petit nombre d'hommes au-devant des Marseillais. Santerre leur offrit tout de suite un repas qui fut servi aux Champs-Élysées. Le même jour, et au même moment, une réunion de gardes nationaux du bataillon des Filles-Saint-Thomas, et d'autres individus, écrivains ou militaires, tous dévoués à la cour, faisaient un repas auprès du lieu où étaient fêtés les Marseillais. Certainement ce repas n'avait pu être préparé à dessein pour troubler celui des Marseillais, puisque l'offre faite à ces derniers avait été inopinée, car au lieu d'un festin on avait médité une insurrection. Cependant il était impossible que des voisins si opposés d'opinion achevassent paisiblement leur repas. La populace insulta les royalistes, qui voulurent se défendre; les patriotes, appelés au secours de la populace, accoururent avec ardeur, et le combat s'engagea. Il ne fut pas long; les Marseillais, fondant sur leurs adversaires, les mirent en fuite, en tuèrent un et en blessèrent plusieurs. Dans un moment, le trouble se répandit dans Paris. Les fédérés parcouraient les rues, et arrachaient les cocardes de ruban, prétendant qu'il les fallait en laine.

Quelques-uns des fugitifs arrivèrent tout sanglants aux Tuileries, où ils furent accueillis avec empressement, et traités avec des soins bien naturels, puisqu'on voyait en eux des amis victimes de leur dévouement. Les gardes nationaux qui étaient de service au château rapportèrent ces détails, y ajoutèrent peut-être, et ce fut l'occasion de nouveaux bruits, de nouvelles haines contre la famille royale et les dames de la cour, qui avaient, disait-on, essuyé avec leurs mouchoirs la sueur et le sang des blessés. On en conclut même que la scène avait été préparée, et ce fut le motif d'une nouvelle accusation contre les Tuileries.

La garde nationale de Paris demanda aussitôt l'éloignement des Marseillais ; mais elle fut huée par les tribunes, et sa pétition n'obtint aucun succès.

C'est au milieu de ces circonstances que fut répandu un écrit attribué au prince de Brunswick, et bientôt reconnu authentique. Nous avons déjà parlé de la mission de Mallet-du-Pan. Il avait donné au nom du roi l'idée et le modèle d'un manifeste ; mais cette idée fut bientôt dénaturée. Un autre manifeste, inspiré par les passions de Coblentz, et revêtu du nom de Brunswick, fut publié au-devant de l'armée prussienne. Cette pièce était conçue en ces termes :

« Leurs majestés l'empereur et le roi de
« Prusse m'ayant confié le commandement des
« armées combinées qu'ils ont fait rassembler
« sur les frontières de France, j'ai voulu an-
« noncer aux habitants de ce royaume les mo-
« tifs qui ont déterminé les mesures des deux
« souverains, et les intentions qui les gui-
« dent.

« Après avoir supprimé arbitrairement les
« droits et possessions des princes allemands en
« Alsace et en Lorraine, troublé et renversé,
« dans l'intérieur, le bon ordre et le gouver-
« nement légitime ; exercé contre la personne
« sacrée du roi et contre son auguste famille
« des attentats et des violences qui sont encore
« perpétués et renouvelés de jour en jour, ceux
« qui ont usurpé les rênes de l'administration
« ont enfin comblé la mesure en faisant dé-
« clarer une guerre injuste à sa majesté l'em-

« pereur, et en attaquant ses provinces situées
« en Pays-Bas; quelques-unes des possessions
« de l'empire germanique ont été enveloppées
« dans cette oppression, et plusieurs autres
« n'ont échappé au même danger qu'en cédant
« aux menaces impérieuses du parti dominant
« et de ses émissaires.

« Sa majesté le roi de Prusse, uni avec sa
« majesté impériale par les liens d'une alliance
« étroite et défensive, et membre prépondé-
« rant lui-même du corps germanique, n'a donc
« pu se dispenser de marcher au secours de son
« allié et de ses co-états; et c'est sous ce double
« rapport qu'il prend la défense de ce monarque
« et de l'Allemagne.

« A ces grands intérêts se joint encore un but
« également important, et qui tient à cœur aux
« deux souverains, c'est de faire cesser l'anar-
« chie dans l'intérieur de la France, d'arrêter
« les attaques portées au trône et à l'autel, de
« rétablir le pouvoir légal, de rendre au roi la
« sûreté et la liberté dont il est privé, et de le
« mettre en état d'exercer l'autorité légitime
« qui lui est due.

« Convaincus que la partie saine de la nation
« française abhorre les excès d'une faction qui
« la subjugue, et que le plus grand nombre des
« habitants attend avec impatience le moment

« du secours pour se déclarer ouvertement
« contre les entreprises odieuses de leurs op-
« presseurs, sa majesté l'empereur et sa majesté
« le roi de Prusse les appellent et les invitent
« à retourner sans délai aux voies de la raison
« et de la justice, de l'ordre et de la paix.
« C'est dans ces vues que moi, soussigné, gé-
« néral commandant en chef les deux armées,
« déclare :

« 1° Qu'entraînées dans la guerre présente
« par des circonstances irrésistibles, les deux
« cours alliées ne se proposent d'autre but que
« le bonheur de la France, sans prétendre s'en-
« richir par des conquêtes;

« 2° Qu'elles n'entendent point s'immiscer
« dans le gouvernement intérieur de la France,
« mais qu'elles veulent uniquement délivrer le
« roi, la reine et la famille royale de leur capti-
« vité, et procurer à sa majesté très-chrétienne
« la sûreté nécessaire pour qu'elle puisse faire
« sans danger, sans obstacle, les convocations
« qu'elle jugera à propos, et travailler à assu-
« rer le bonheur de ses sujets, suivant ses pro-
« messes et autant qu'il dépendra d'elle;

« 3° Que les armées combinées protégeront
« les villes, bourgs et villages, et les personnes
« et les biens de tous ceux qui se soumettront
« au roi, et qu'elles concourront au rétablisse-

« ment instantané de l'ordre et de la police dans
« toute la France ;

« 4° Que les gardes nationales sont sommées
« de veiller provisoirement à la tranquillité
« des villes et des campagnes, à la sûreté des
« personnes et des biens de tous les Français
« jusqu'à l'arrivée des troupes de leurs majestés
« impériale et royale, ou jusqu'à ce qu'il en soit
« autrement ordonné, sous peine d'en être per-
« sonnellement responsables ; qu'au contraire,
« ceux des gardes nationaux qui auront com-
« battu contre les troupes des deux cours al-
« liées, et qui seront pris les armes à la main,
« seront traités en ennemis, et punis comme
« rebelles à leur roi et comme perturbateurs
« du repos public ;

« 5° Que les généraux, officiers, bas-officiers
« et soldats des troupes de ligne françaises sont
« également sommés de revenir à leur ancienne
« fidélité, et de se soumettre sur-le-champ au
« roi, leur légitime souverain ;

« 6° Que les membres des départements, des
« districts et des municipalités, seront égale-
« ment responsables, sur leurs têtes et sur leurs
« biens, de tous les délits, incendies, assassi-
« nats, pillages et voies de fait qu'ils laisseront
« commettre ou qu'ils ne se sont pas notoire-
« ment efforcés d'empêcher dans leur territoire ;

« qu'ils seront également tenus de continuer
« provisoirement leurs fonctions jusqu'à ce que
« sa majesté très-chrétienne, remise en pleine
« liberté, y ait pourvu ultérieurement, ou qu'il
« en ait été autrement ordonné en son nom
« dans l'intervalle;

« 7° Que les habitants des villes, bourgs et
« villages, qui oseraient se défendre contre les
« troupes de leurs majestés impériale et royale,
« et tirer sur elles, soit en rase campagne, soit
« par les fenêtres, portes et ouvertures de leurs
« maisons, seront punis sur-le-champ suivant
« la rigueur du droit de la guerre, et leurs
« maisons démolies ou brûlées. Tous les habi-
« tants, au contraire, desdites villes, bourgs et
« villages, qui s'empresseront de se soumettre à
« leur roi, en ouvrant leurs portes aux troupes
« de leurs majestés, seront à l'instant sous leur
« sauvegarde immédiate; leurs personnes, leurs
« biens, leurs effets, seront sous la protection
« des lois; et il sera pourvu à la sûreté générale
« de tous et chacun d'eux;

« 8° La ville de Paris et tous ses habitants,
« sans distinction, seront tenus de se soumettre
« sur-le-champ et sans délai au roi, de mettre
« ce prince en pleine et entière liberté, et de
« lui assurer, ainsi qu'à toutes les personnes
« royales, l'inviolabilité et le respect auxquels

« le droit de la nature et des gens oblige les
« sujets envers les souverains; leurs majestés
« impériale et royale rendant personnellement
« responsables de tous les événements, sur leur
« tête, pour être jugés militairement, sans es-
« poir de pardon, tous les membres de l'assem-
« blée nationale, du département, du district,
« de la municipalité et de la garde nationale de
« Paris, les juges de paix et tous autres qu'il
« appartiendra; déclarant en outre leursdites
« majestés, sur leur foi et parole d'empereur et
« roi, que si le château des Tuileries est forcé
« ou insulté, que s'il est fait la moindre vio-
« lence, le moindre outrage à leurs majestés le
« roi, la reine et la famille royale, s'il n'est pas
« pourvu immédiatement à leur sûreté, à leur
« conservation et à leur liberté, elles en tireront
« une vengeance exemplaire et à jamais mémo-
« rable, en livrant la ville de Paris à une exé-
« cution militaire et à une subversion totale, et
« les révoltés coupables d'attentats, aux sup-
« plices qu'ils auront mérités. Leurs majestés
« impériale et royale promettent au contraire
« aux habitants de la ville de Paris d'employer
« leurs bons offices auprès de sa majesté très-
« chrétienne pour obtenir le pardon de leurs
« torts et de leurs erreurs, et de prendre les
« mesures les plus vigoureuses pour assurer

« leurs personnes et leurs biens, s'ils obéissent
« promptement et exactement à l'injonction
« ci-dessus.

« Enfin leurs majestés ne pouvant recon-
« naître pour lois en France que celles qui
« émaneront du roi, jouissant d'une liberté par-
« faite, protestent d'avance contre l'authenti-
« cité de toutes les déclarations qui pourraient
« être faites au nom de sa majesté très-chré-
« tienne, tant que sa personne sacrée, celle de
« la reine et de toute la famille royale ne seront
« pas réellement en sûreté; à l'effet de quoi
« leurs majestés impériale et royale invitent et
« sollicitent sa majesté très-chrétienne de dési-
« gner la ville de son royaume la plus voisine
« de ses frontières dans laquelle elle jugera à
« propos de se retirer avec la reine et sa famille,
« sous une bonne et sûre escorte qui lui sera
« envoyée pour cet effet, afin que sa majesté
« très-chrétienne puisse en toute sûreté appeler
« auprès d'elle les ministres et les conseillers
« qu'il lui plaira de désigner, faire telles con-
« vocations qui lui paraîtront convenables,
« pourvoir au rétablissement du bon ordre, et
« régler l'administration de son royaume.

« Enfin, je déclare et m'engage encore, en
« mon propre et privé nom, et en ma qualité
« susdite, de faire observer partout aux troupes

« confiées à mon commandement une bonne et
« exacte discipline, promettant de traiter avec
« douceur et modération les sujets bien inten-
« tionnés qui se montreront paisibles et soumis,
« et de n'employer la force qu'envers ceux qui
« se rendront coupables de résistance ou de
« mauvaise volonté.

« C'est par ces raisons que je requiers et
« exhorte tous les habitants du royaume, de la
« manière la plus forte et la plus instante, de
« ne pas s'opposer à la marche et aux opéra-
« tions des troupes que je commande, mais de
« leur accorder plutôt partout une libre entrée
« et toute bonne volonté, aide et assistance que
« les circonstances pourront exiger.

« Donné au quartier-général de Coblentz, le
« 25 juillet 1792.

« *Signé* CHARLES-GUILLAUME-FERDINAND,
duc de Brunswick-Lunebourg. »

Ce qui parut surtout étonnant dans cette déclaration, c'est que, datée du 25 de Coblentz, elle se trouva le 28 à Paris, et fut imprimée dans tous les journaux royalistes. Elle produisit un effet extraordinaire. Cet effet fut celui des passions sur les passions. On se promit de toute part de résister à un ennemi dont le langage était si hautain et les menaces si terribles.

Dans l'état des esprits, il était naturel que le roi et la cour fussent accusés de cette nouvelle faute. Louis XVI s'empressa de désavouer le manifeste par un message, et il le pouvait sans doute de très-bonne foi, puisque cette pièce était si différente du modèle qu'il avait proposé; mais il devait déjà voir par cet exemple combien sa volonté serait outre-passée par son parti, si ce parti était jamais vainqueur. Ni son désaveu, ni les expressions dont il l'accompagna, ne purent ramener l'assemblée. En parlant de ce peuple dont le bonheur lui avait toujours été cher, il ajoutait : « Que de chagrins pour- « raient être effacés par la plus légère marque « de son retour! »

Ces paroles touchantes n'excitèrent plus l'enthousiasme qu'elles avaient le don de produire autrefois; on n'y vit qu'une perfidie de langage, et beaucoup de députés appuyèrent l'impression pour rendre public, dirent-ils, le contraste qui existait entre les paroles et la conduite du roi. Dès ce moment, l'agitation ne cessa pas de croître, et les circonstances de s'aggraver. On eut connaissance d'un arrêté par lequel le département des Bouches-du-Rhône retenait les impôts pour payer les troupes qu'il avait envoyées contre les Savoisiens, et accusait d'insuffisance les mesures prises par l'assemblée.

C'était un acte dû aux inspirations de Barbaroux. L'arrêté fut cassé par l'assemblée, sans que l'exécution en pût être empêchée. On répandit en même temps que les Sardes, qui s'avançaient, étaient au nombre de cinquante mille. Il fallut que le ministre des relations extérieures vînt assurer lui-même à l'assemblée que les rassemblements n'étaient tout au plus que de onze à douze mille hommes. A ce bruit en succéda un autre : on prétendit que le petit nombre des fédérés actuellement rendus à Soissons, avaient été empoisonnés avec du verre mêlé dans leur pain. On assurait même qu'il y avait déjà cent soixante morts et huit cents malades. On alla aux informations, et on apprit que les farines se trouvant dans une église, des vitres avaient été cassées, et que quelques morceaux de verre s'étaient trouvés dans le pain. Il n'y avait cependant ni morts, ni malades.

Le 25 juillet, un décret avait rendu toutes les sections de Paris permanentes. Elles s'étaient réunies, et avaient chargé Pétion de proposer en leur nom la déchéance de Louis XVI. Le 3 août au matin, le maire de Paris, enhardi par ce vœu, se présenta à l'assemblée pour faire une pétition au nom des quarante-huit sections de Paris. Il exposa la conduite de Louis XVI depuis l'ouverture de la révolution ; il retraça, dans le langage du temps, les bienfaits de la nation envers le roi, et l'ingratitude du monarque. Il dépeignit les dangers dont toutes les imaginations étaient frappées, l'arrivée de l'étranger, la nullité des moyens de défense, la révolte d'un général contre l'assemblée, l'opposition d'une foule de directoires de département, et les menaces terribles et absurdes faites au nom de Brunswick; en conséquence il conclut à la déchéance du roi, et demanda à l'assemblée de mettre cette importante question à l'ordre du jour.

Cette grande proposition, qui n'avait encore été faite que par des clubs, des fédérés, des communes, venait d'acquérir un autre caractère en étant présentée au nom de Paris et par son maire. Elle fut accueillie plutôt avec étonnement qu'avec faveur dans la séance du matin. Mais le soir la discussion s'ouvrit, et l'ardeur d'une partie de l'assemblée se déploya sans retenue. Les uns voulaient qu'on discutât la question sur-le-champ, les autres qu'on l'ajournât. On finit par la remettre au jeudi 9 août, et on continua à recevoir et à lire des pétitions exprimant, avec plus d'énergie encore que celle du maire, le même vœu et les mêmes sentiments.

La section de Mauconseil, allant plus loin

que les autres, ne se borna pas à demander la déchéance, mais la prononça de sa pleine autorité. Elle déclara qu'elle ne reconnaissait plus Louis XVI pour roi des Français, et qu'elle irait bientôt demander au corps législatif s'il voulait enfin sauver la France; de plus, elle invita toutes les sections de l'empire (qu'elle n'appelait déjà plus le royaume) à imiter son exemple.

Comme on l'a déjà vu, l'assemblée ne suivait pas le mouvement insurrectionnel aussi vite que les autorités inférieures, parce que, chargée de veiller sur les lois, elle était obligée de les respecter davantage. Elle se trouvait ainsi fréquemment devancée par les corps populaires, et voyait le pouvoir s'échapper de ses mains. Elle cassa donc l'arrêté de la section de Mauconseil; Vergniaud et Cambon employèrent les expressions les plus sévères contre cet acte, qu'ils appelèrent une usurpation de la souveraineté du peuple. Il paraît cependant que dans cet acte, ils condamnaient moins la violation des principes que la précipitation des pétitionnaires, et surtout l'inconvenance de leur langage à l'égard de l'assemblée nationale.

Le terme de toutes les incertitudes approchait; le même jour on se réunissait en même temps dans le comité insurrectionnel des fédérés, et chez les amis du roi, qui préparaient sa fuite. Le comité remit l'insurrection au jour où l'on discuterait la déchéance, c'est-à-dire au 9 août au soir, pour le 10 au matin. De leur côté, les amis du roi délibéraient sur sa fuite, dans le jardin de M. de Montmorin. MM. de Liancourt et de Lafayette y renouvelaient leurs offres. Tout était disposé pour le départ. Cependant on manquait d'argent; Bertrand de Molleville avait inutilement épuisé la liste civile pour payer des clubs royalistes, des orateurs de tribunes, des orateurs de groupes, de prétendus séducteurs qui ne séduisaient personne, et gardaient pour eux les fonds de la cour. On suppléa au défaut d'argent par des prêts que des sujets généreux s'empressèrent de faire au roi. Les offres de M. Liancourt ont déja été rapportées; il donna tout l'or qu'il avait pu se procurer. D'autres personnes fournirent celui qu'elles possédaient. Des amis dévoués se préparèrent à suivre la voiture qui transporterait la famille royale, et, s'il le fallait, à périr à ses côtés. Tout étant disposé, les conseillers réunis chez Montmorin résolurent le départ, après un conciliabule qui dura toute une soirée. Le roi, qui le vit immédiatement après, donna son consentement à cette résolution, et ordonna qu'on s'entendît avec

MM. de Montciel et de Sainte-Croix. Quelles que fussent les opinions des hommes qui s'étaient réunis pour cette entreprise, c'était une grande joie pour eux de croire un moment à la prochaine délivrance du monarque *.

Mais le lendemain tout était changé; le roi fit répondre qu'il ne partirait point, parce qu'il ne voulait pas commencer la guerre civile. Tous ceux qui, avec des sentiments très-différents, s'intéressaient également à lui, furent consternés. Ils apprirent que le motif réel n'était pas celui qu'avait donné le roi. Le véritable était d'abord l'arrivée de Brunswick, annoncée comme très-prochaine; ensuite l'ajournement de l'insurrection, et surtout le refus de la reine de se confier aux constitutionnels. Elle avait énergiquement exprimé sa répugnance, en disant qu'il valait mieux périr que de se mettre dans les mains de gens qui leur avaient fait tant de mal **.

Ainsi, tous les efforts des constitutionnels et tous leurs dangers furent inutiles. Lafayette s'était gravement compromis. On savait qu'il avait décidé Luckner à marcher au besoin sur la capitale. Celui-ci, appelé auprès de l'assem-

* Voyez la note 22 à la fin du volume.
** Voyez les Mémoires de Mme Campan, tome II, page 125.

blée, avait tout avoué au comité extraordinaire des douze. Le vieux Luckner était faible et mobile. Quand des mains d'un parti il passait dans celles d'un autre, il se laissait arracher l'aveu de tout ce qu'il avait entendu ou dit la veille, s'excusait ensuite de ses aveux en disant qu'il ne savait pas la langue française, pleurait et se plaignait de n'être entouré que de factieux. Guadet eut l'adresse de lui faire confesser les propositions de Lafayette; et Bureau de Puzy, accusé d'en avoir été l'intermédiaire, fut mandé à la barre. C'était un des amis et des officiers de Lafayette; il nia tout avec assurance, et avec un ton qui persuada que les négociations de son général lui étaient inconnues. La question de savoir si on mettrait Lafayette en accusation fut encore ajournée.

On approchait du jour fixé pour la discussion de la déchéance; le plan de l'insurrection était arrêté et connu. Les Marseillais, quittant leur caserne trop éloignée, s'étaient transportés à la section des Cordeliers, où se tenait le club du même nom. Ils se trouvaient ainsi au centre de Paris, et très-près du lieu de l'action. Deux officiers municipaux avaient été assez hardis pour faire distribuer des cartouches aux conjurés; tout enfin était préparé pour le 10.

Le 8 on délibéra sur le sort de Lafayette. Une forte majorité le mit hors d'accusation. Quelques députés, irrités de l'acquittement, demandent l'appel nominal; et, à cette seconde épreuve, quatre cent quarante-six voix ont le courage de se prononcer pour le général, contre deux cent vingt-quatre. Le peuple, soulevé à cette nouvelle, se réunit à la porte de la salle, insulte les députés qui sortent, et maltraite particulièrement ceux qui étaient connus pour appartenir au côté droit de l'assemblée, tels que Vaublanc, Girardin, Dumas, etc. De tous côtés on s'indigne contre la représentation nationale, et on répète à haute voix qu'il n'y a plus de salut avec une assemblée qui vient d'absoudre *le traître Lafayette.*

Le lendemain 9 août, une agitation extraordinaire règne parmi les députés. Ceux qui avaient été insultés la veille se plaignent en personne ou par lettres. Lorsqu'on rapporte que M. Beaucaron allait être livré à la corde, un rire barbare éclate dans les tribunes. Quand on ajoute que M. de Girardin a été frappé, ceux mème qui le savaient le mieux lui demandent avec ironie, où et comment. — Eh! ne sait-on pas, reprend noblement M. de Girardin, que les lâches ne frappent jamais que par derrière!—Enfin, un membre réclame l'ordre du jour. Cependant l'assemblée décide que le procureur-syndic de la commune, Rœderer, sera mandé à la barre pour être chargé de garantir, sous sa responsabilité personnelle, la sûreté et l'inviolabilité des membres de l'assemblée.

On propose d'interpeller le maire de Paris, et de l'obliger à déclarer par oui ou par non, s'il peut assurer la tranquillité publique. Guadet réplique à cette proposition par celle d'interpeller aussi le roi, et de l'obliger à son tour à déclarer par oui ou par non, s'il peut répondre de la sûreté et de l'inviolabilité du territoire.

Cependant, au milieu de ces propositions contraires, il était facile d'apercevoir que l'assemblée redoutait le moment décisif, et que les girondins eux-mêmes auraient mieux aimé obtenir la déchéance par une délibération, que de recourir à une attaque douteuse et meurtrière. Rœderer arrive sur ces entrefaites, et annonce qu'une section a décidé de sonner le tocsin, et de marcher sur l'assemblée et sur les Tuileries, si la déchéance n'est pas prononcée. Pétion entre à son tour; il ne s'explique pas d'une manière positive, mais il avoue des projets sinistres; il énumère les précautions prises pour prévenir les mouvements dont on est menacé, et promet de se concerter avec le département pour adopter ses mesures, si elles lui paraissaient meilleures que celles de la municipalité.

Pétion, ainsi que tous ses amis girondins, préférait la déchéance prononcée par l'assemblée, à un combat incertain contre le château. La majorité pour la déchéance étant presque assurée, il aurait voulu arrêter les projets du comité insurrectionnel. Il se présenta donc au comité de surveillance des Jacobins, et engagea Chabot à suspendre l'insurrection, en lui disant que les girondins avaient résolu la déchéance, et la convocation immédiate d'une convention nationale; qu'ils étaient sûrs de la majorité, et qu'il ne fallait pas s'exposer à une attaque dont le résultat serait douteux. Chabot répondit qu'il n'y avait rien à espérer d'une assemblée qui avait absous *le scélérat Lafayette*; que lui, Pétion, se laissait abuser par ses amis; que le peuple avait enfin pris la résolution de se sauver lui-même, et que le tocsin sonnerait le soir même dans les faubourgs.

« Vous aurez donc toujours *mauvaise tête*, reprit Pétion. Malheur à nous, si on s'insurge! Je connais votre influence, mais j'ai aussi la mienne, et je l'emploierai contre vous. — Vous serez arrêté, répliqua Chabot, et on vous empêchera d'agir. »

Les esprits étaient en effet trop excités pour que les craintes de Pétion pussent être comprises, et que son influence pût s'exercer. Une agitation générale régnait dans Paris; le tambour battait le rappel dans tous les quartiers; les bataillons de la garde nationale se réunissaient et se rendaient à leurs postes, avec des dispositions très-diverses. Les sections se remplissaient, non pas du plus grand nombre de citoyens, mais des plus ardents. Le comité insurrectionnel s'était formé sur trois points. Fournier et quelques autres étaient au faubourg Saint-Marceau; Santerre et Westermann occupaient le faubourg Saint-Antoine; Danton, enfin, Camille Desmoulins, Carra, étaient aux Cordeliers avec le bataillon de Marseille. Barbaroux, après avoir placé des éclaireurs à l'assemblée et au château, avait disposé des courriers prêts à prendre la route du Midi. Il s'était pourvu en outre d'une dose de poison, tant on était incertain du succès, et il attendait aux Cordeliers le résultat de l'insurrection. On ne sait où était Robespierre; Danton avait caché Marat dans une cave de la section, et s'était ensuite emparé de la tribune des Cordeliers. Chacun hésitait, comme à la veille d'une grande résolution; mais Danton, proportionnant l'audace à la gravité de l'événement, fau-

sait retentir sa voix tonnante; il énumérait ce qu'il appelait les crimes de la cour; il rappelait la haine de celle-ci pour la constitution, ses paroles trompeuses, ses promesses hypocrites, toujours démenties par sa conduite, et enfin ses machinations évidentes pour amener l'étranger. « Le peuple, disait-il, ne peut plus recourir qu'à lui-même, car la constitution est insuffisante, et l'assemblée a absous Lafayette; il ne reste donc plus que vous pour vous sauver vous-mêmes. Hâtez-vous donc, car cette nuit même, des satellites cachés dans le château doivent faire une sortie sur le peuple, et l'égorger avant de quitter Paris pour rejoindre Coblentz. Sauvez-vous donc; aux armes! aux armes! »

Dans ce moment, un coup de fusil est tiré dans la cour du Commerce; le cri *aux armes* devient bientôt général, et l'insurrection est proclamée. Il était alors onze heures et demie. Les Marseillais se forment à la porte des Cordeliers, s'emparent des canons, et se grossissent d'une foule nombreuse qui se range à leurs côtés. Camille Desmoulins et d'autres se précipitent pour aller faire sonner le tocsin; mais ils ne trouvent pas la même ardeur dans les différentes sections. Ils s'efforcent de réveiller leur zele; bientôt elles se réunissent et nomment des commissaires, qui doivent aller à l'Hôtel-de-Ville déplacer l'ancienne municipalité, et s'emparer de tous les pouvoirs. Enfin on court aux cloches, on s'en empare de vive force, et le tocsin commence à sonner. Ce bruit lugubre retentit dans l'immense étendue de la capitale; il se propage de rues en rues et d'édifices en édifices; il appelle les députés, les magistrats, les citoyens à leurs postes; il arrive enfin au château, et vient y annoncer que la nuit fatale approche; nuit terrible, nuit d'agitation et de sang, qui devait être pour le monarque la dernière passée dans le palais de ses pères!

Des émissaires de la cour venaient de lui apprendre qu'on touchait au moment de la catastrophe; ils avaient rapporté le mot du président des Cordeliers, qui avait dit à ses gens qu'il ne s'agissait plus, comme au 20 juin, d'une simple promenade civique; c'est-à-dire que si le 20 juin avait été la menace, le 10 août devait être le coup décisif. On n'en doutait plus en effet. Le roi, la reine, leurs deux enfants, leur sœur madame Élisabeth, ne s'étaient pas couchés, et après le souper avaient passé dans la salle du conseil, où se trouvaient tous les ministres et un grand nombre d'officiers supérieurs. On y délibérait, dans le trouble, sur les moyens de sauver la famille royale.

Les moyens de résistance étaient faibles, ayant été presque anéantis, soit par les décrets de l'assemblée, soit par les fausses mesures de la cour elle-même.

La garde constitutionnelle, dissoute par un décret de l'assemblée, n'avait pas été remplacée par le roi, qui avait mieux aimé lui continuer ses appointements que d'en former une nouvelle : c'étaient dix-huit cents hommes de moins au château.

Les régiments dont les dispositions avaient paru favorables au roi, pendant la dernière fédération, avaient été éloignés de Paris, par le moyen accoutumé des décrets.

Les Suisses n'avaient pu être éloignés, grace à leurs capitulations; mais on les avait privés de leur artillerie; et la cour, lorsqu'elle fut un moment décidée à fuir dans la Normandie, y avait envoyé l'un de ces fidèles bataillons, sous le prétexte de veiller à l'arrivage des grains. Ce bataillon n'avait pas encore été rappelé. Quelques Suisses seulement, casernés à Courbevoie, étaient rentrés par l'autorisation de Pétion, et tous ensemble ne s'élevaient pas à plus de huit ou neuf cents hommes.

La gendarmerie venait d'être composée des anciens soldats des gardes-françaises, auteurs du 14 juillet.

Enfin la garde nationale n'avait ni les mêmes chefs, ni la même organisation, ni le même dévouement qu'au 6 octobre 1789. L'état-major, ainsi qu'on l'a vu, en avait été reconstitué. Une foule de citoyens s'étaient dégoûtés du service, et ceux qui n'avaient pas déserté leur poste étaient intimidés par la fureur de la populace. La garde nationale se trouvait donc, comme tous les corps de l'état, composée d'une nouvelle génération révolutionnaire. Elle se partageait, comme la France entière, en constitutionnels et républicains. Tout le bataillon des Filles-Saint-Thomas, et une partie de celui des Petits-Pères, étaient dévoués au roi ; les autres étaient indifférents ou ennemis. Les canonniers surtout, qui composaient la principale force, étaient républicains décidés. Les fatigues qu'imposait l'arme de ces derniers en avaient éloigné la riche bourgeoisie ; des serruriers, des forgerons se trouvaient ainsi maîtres des canons, et ils partageaient les sentiments du peuple, puisqu'ils en faisaient partie.

Ainsi il restait au roi huit ou neuf cents Suisses, et un peu plus d'un bataillon de la garde nationale.

On se souvient que depuis la retraite de Lafayette, le commandement de la garde nationale passait alternativement aux six chefs de légion. Il était échu ce jour-là au commandant Mandat, ancien militaire, mal vu à la cour à cause de ses opinions constitutionnelles, mais lui inspirant une entière confiance, par sa fermeté, ses lumières et son attachement à ses devoirs. Mandat, général en chef pendant cette nuit fatale, avait fait à la hâte les seules dispositions possibles.

Déja le plancher de la grande galerie qui joint le Louvre aux Tuileries avait été coupé dans une certaine étendue, pour interdire le passage aux assaillants. Mandat ne songea donc pas à protéger cette aile du palais, et porta tous ses soins du côté des cours et du jardin. Malgré le rappel, peu de gardes nationaux s'étaient réunis. Les bataillons ne s'étaient pas complétés, et les plus zélés se rendaient individuellement au château, où Mandat les avait enrégimentés et distribués conjointement avec les Suisses, dans les cours, le jardin et les appartements. Il avait placé une pièce de canon dans la cour des Suisses, trois dans celle du milieu, et trois dans celle des Princes.

Ces pièces étaient malheureusement confiées aux canonniers de la garde nationale, et l'ennemi se trouvait ainsi dans la place. Mais les Suisses pleins d'ardeur et de fidélité, les observaient de l'œil, prêts, au premier mouvement, à s'emparer des canons, et à jeter les canonniers eux-mêmes hors de l'enceinte du château.

Mandat avait placé en outre quelques postes avancés de gendarmerie à la colonnade du Louvre et à l'Hôtel-de-Ville. Mais cette gendarmerie, comme nous venons de le dire, était composée des anciens gardes-françaises.

A ces défenseurs du château il faut joindre une foule de vieux serviteurs, que leur âge ou leur modération avait empêchés d'émigrer, et qui, au moment du danger, étaient accourus, les uns pour s'absoudre de n'être point allés à Coblentz, les autres pour mourir généreusement à côté de leur prince. Ils s'étaient pourvus à la hâte de toutes les armes qu'ils avaient pu se procurer au château; ils portaient de vieux sabres, des pistolets attachés à leur ceinture avec des mouchoirs, quelques-uns même avaient pris les pelles et les pincettes des cheminées : ainsi les plaisanteries ne furent pas oubliées dans ce sinistre moment, où la cour aurait dû être sérieuse au moins une fois. Cette affluence de personnes inutiles, loin de pouvoir servir, offusquait la garde nationale, qui s'en défiait, et ne faisait qu'ajouter à la confusion, déjà trop grande.

Tous les membres du directoire du département s'étaient rendus au château. Le vertueux duc de Larochefoucauld s'y trouvait; Rœderer, le procureur-syndic, y était aussi; on avait mandé Pétion, qui y arriva avec deux officiers municipaux. On obligea Pétion à signer l'ordre de repousser la force par la force, et il le signa pour ne pas paraître le complice des insurgés. On s'était réjoui de le posséder au château, et de tenir en sa personne un ôtage cher au peuple. L'assemblée, avertie de ce dessein, l'appela à la barre par un décret; le roi, auquel on conseillait de le retenir, ne le voulut pas, et il sortit ainsi des Tuileries sans aucun obstacle.

L'ordre de repousser la force par la force une fois obtenu, divers avis furent ouverts sur la manière d'en user. Dans cet état d'exaltation, plus d'un projet insensé dut s'offrir aux esprits. Il en était un assez hardi, et qui probablement aurait pu réussir; c'était de prévenir l'attaque en dissipant les insurgés qui n'étaient pas encore très-nombreux, et qui, avec les Marseillais, formaient tout au plus une masse de quelques mille hommes. Dans ce moment, en effet, le faubourg Saint-Marceau n'était pas encore réuni; Santerre hésitait au faubourg Saint-Antoine; Danton seul et les Marseillais avaient osé se rassembler aux Cordeliers, et ils attendaient avec impatience, au pont Saint-Michel, l'arrivée des autres assaillants.

Une sortie vigoureuse aurait pu les dissiper; et, dans ce moment d'hésitation, un mouvement de terreur aurait infailliblement empêché l'insurrection. Mandat donna un autre plan plus sûr et plus légal, c'était d'attendre la marche des faubourgs, mais de les attaquer sur deux points décisifs dès qu'ils seraient en mouvement. Il voulait d'abord que lorsque les uns déboucheraient sur la place de l'Hôtel-de-Ville, par l'arcade Saint-Jean, on les chargeât à l'improviste, et qu'on fît de même au Louvre contre ceux qui viendraient par le Pont-Neuf, le long du quai des Tuileries. Il avait à cet effet ordonné à la gendarmerie placée à la colonnade de laisser défiler les insurgés, et de les charger ensuite en queue, quand la gendarmerie placée au Carrousel fondrait sur eux par les guichets du Louvre, et les attaquerait en tête. Le succès de pareils moyens était presque certain. Déjà les commandants des divers postes, et notamment celui de l'Hôtel-de-Ville, avaient reçu de Mandat les ordres nécessaires.

On a déjà vu qu'une nouvelle municipalité venait d'être formée à l'Hôtel-de-Ville. Danton et Manuel avaient été les seuls membres conservés. L'ordre de Mandat est montré à cette municipalité insurrectionnelle. Sur-le-champ elle somme le commandant de comparaître à l'Hôtel-de-Ville. La sommation est portée au château, où l'on ignorait la composition de la nouvelle commune. Mandat hésite; mais ceux qui l'entourent, et les membres eux-mêmes du département, ne sachant pas ce qui s'était passé, et pensant qu'il ne fallait pas encore enfreindre la loi par un refus de comparaître, l'engagent à obéir. Mandat se décide; il remet à son fils qui était avec lui au château, l'ordre de repousser la force par la force, signé de Pétion, et il se rend à la sommation de la municipalité. Il était environ quatre heures du matin. A peine est-il arrivé à l'Hôtel-de-Ville, qu'il est surpris d'y trouver une autorité nouvelle. Aussitôt on l'entoure, on l'interroge sur l'ordre qu'il avait donné, on le renvoie ensuite, et en le renvoyant le président fait un geste sinistre qui devient un arrêt de mort. En effet, le malheureux commandant est à peine sorti, qu'on s'empare de lui, et qu'il est renversé d'un coup de pistolet. On le dépouille de ses vêtements, sans y trouver l'ordre remis à son fils, et son corps est jeté à la rivière, où tant d'autres cadavres allaient bientôt le suivre.

Cet acte sanglant paralysa tous les moyens

de défense du château, détruisit toute unité, et empêcha l'exécution du plan de défense. Cependant tout n'était pas perdu encore, et l'insurrection n'était pas entièrement formée. Les Marseillais, après avoir attendu impatiemment le faubourg Saint-Antoine, qui n'arrivait pas, avaient cru un instant la journée manquée. Mais Westermann portant l'épée sur la poitrine de Santerre, l'avait obligé à marcher. Les faubourgs étaient alors successivement arrivés, les uns par la rue Saint-Honoré, les autres par le Pont-Neuf, le Pont-Royal et les guichets du Louvre. Les Marseillais marchaient en tête des colonnes, avec les fédérés bretons, et ils avaient pointé leurs pièces sur le château. Au grand nombre des insurgés, qui grossissait à chaque instant, s'était jointe une multitude de curieux; et l'ennemi paraissait encore plus considérable qu'il ne l'était réellement. Tandis qu'on se portait au château, Santerre était accouru à l'Hôtel-de-Ville pour se faire nommer commandant en chef de la garde nationale; et Westermann était resté sur le champ de bataille pour diriger les assaillants. Il y avait donc partout une confusion extraordinaire, à tel point que Pétion qui, d'après le plan arrêté, aurait dû être gardé chez lui par une force insurrectionnelle, attendait encore la garde qui devait mettre sa responsabilité à couvert, par une contrainte apparente. Il envoya lui-même à l'Hôtel-de-Ville, et on plaça enfin quelques cents hommes à sa porte, pour qu'il parût en état d'arrestation.

Le château était en ce moment tout-à-fait assiégé. Les assaillants étaient sur la place; et à la faveur du jour naissant, on les voyait à travers les vieilles portes des cours, on les apercevait des fenêtres, on découvrait leur artillerie pointée sur le château; on entendait leurs cris confus et leurs chants menaçants. On avait voulu revenir au projet de les prévenir; mais quand on eut appris la mort de Mandat, les ministres et le département furent d'avis d'attendre l'attaque pour se laisser forcer dans les limites de la loi.

Rœderer venait de parcourir les rangs de cette garnison, et de faire aux Suisses et aux gardes nationaux la proclamation légale, qui leur défendait d'attaquer, mais qui leur enjoignait de repousser la force par la force. On engagea le roi à faire lui-même la revue des serviteurs qui se préparaient à le défendre. Ce malheureux prince avait passé la nuit à écouter les avis divers qui se croisaient autour de lui: et dans les rares moments de relâche, il avait prié le ciel pour sa royale épouse, pour ses enfants et sa sœur, objets de toutes ses craintes. — Sire, lui dit la reine avec énergie, c'est le moment de vous montrer. — On assure même, qu'arrachant un pistolet à la ceinture du vieux d'Affry, elle le présenta vivement au roi. Les yeux de la princesse étaient rouges de larmes, mais son front semblait relevé, sa narine était gonflée par la colère et la fierté. Quant au roi, il ne craignait rien pour sa personne, il montrait même un grand sang-froid dans ce péril extrême; mais il était alarmé pour sa famille, et la douleur de la voir si exposée avait altéré ses traits. Il se présenta néanmoins avec fermeté. Il avait un habit violet, il portait une épée, et sa coiffure, qui n'avait pas été réparée depuis la veille, était à moitié en désordre. En paraissant au balcon, il aperçut, sans être ému, une artillerie formidable pointée sur le château. Sa présence excita encore quelques restes d'enthousiasme; les bonnets des grenadiers furent tout-à-coup élevés sur la pointe des sabres et des baïonnettes; l'antique cri de *Vive le roi* retentit une dernière fois sous les voûtes du château paternel. Un dernier reste de courage se ranima, les cœurs abattus se réchauffèrent : on eut encore un moment de confiance et d'espoir. C'est dans cet instant qu'arrivèrent quelques nouveaux bataillons de la garde nationale, formés plus tard que les autres, et qui se rendaient à l'ordre précédemment donné par Mandat. Ils entrèrent à l'instant où les cris de *Vive le roi!* retentissaient dans la cour. Les uns se joignirent à ceux qui saluaient ainsi la présence du monarque ; les autres, qui n'étaient pas du même sentiment, se crurent en danger, et se rappelant toutes les fables populaires qu'on avait débitées, s'imaginèrent qu'ils allaient être livrés aux *chevaliers du poignard*. Ils s'écrièrent aussitôt que le scélérat de Mandat les avait trahis, et ils excitèrent une espèce de tumulte. Les canonniers, imitant cet exemple, tournèrent leurs pièces contre la façade du château. Une dispute s'engagea aussitôt avec les bataillons dévoués ; les canonniers furent désarmés et remis à un détachement ; on dirigea vers les jardins les nouveaux arrivants.

Le roi, dans cet instant, après s'être montré au balcon, descendait l'escalier pour faire la revue dans les cours. On annonce son arrivée : chacun reprend ses rangs ; il les traverse avec une contenance tranquille, et en promenant sur tout le monde des regards expressifs qui pénétraient les cœurs. S'adressant aux soldats, il leur dit, avec une voix assurée, qu'il était touché de leur dévouement, qu'il serait à leurs côtés, et qu'en le défendant lui-même, ils défendaient leurs femmes et leurs enfants. Il passe ensuite sous le vestibule pour se rendre dans le jardin; mais au même instant, il entend le cri *à bas le veto*, poussé par un des bataillons qui venaient d'entrer. Deux officiers, placés à côté de lui, veulent alors l'empêcher de faire la revue dans le jardin, d'autres l'engagent à aller visiter le poste du Pont-Tournant; il y consent avec courage. Mais il est obligé de passer le long de la terrasse des Feuillants, chargée de peuple. Pendant ce trajet, il n'est séparé de la foule furieuse que par un ruban tricolore; il s'avance cependant, et reçoit toutes sortes d'insultes et d'outrages; il voit même les bataillons défiler devant lui, parcourir le jardin, et en sortir sous ses yeux, pour aller se réunir aux assaillants sur la place du Carrousel.

Cette désertion, celle des canonniers, les cris *à bas le veto*, avaient ôté toute espérance au roi. Dans ce même moment, les gendarmes réunis à la colonnade du Louvre et ailleurs s'étaient ou dispersés ou réunis au peuple. De son côté, la garde nationale qui occupait les appartements, et sur laquelle on croyait pouvoir compter, était mécontente de se trouver avec les gentilshommes, et paraissait se défier d'eux. La reine la rassura. « Grenadiers, « s'écria-t-elle en montrant ces gentilshommes,

« ce sont vos compagnons, ils viennent mourir
« à vos côtés. » Cependant, malgré ce courage
apparent, le désespoir était dans son ame. Cette
revue avait tout perdu, et elle se plaignait que
le roi n'eût montré aucune énergie. Il faut le
répéter, ce malheureux prince ne craignait
rien pour lui-même; il avait en effet refusé de
se revêtir d'un plastron, comme au 14 juillet,
disant qu'en un jour de combat, il devait être
découvert comme le dernier de ses serviteurs.
Le courage ne lui manquait donc pas, et depuis il en montra un assez noble, assez élevé;
mais il lui manquait l'audace de l'offensive;
il lui manquait d'être plus conséquent, et, par
exemple, de ne pas craindre l'effusion du sang,
lorsqu'il consentait à l'arrivée de l'étranger en
France. Il est certain, comme on l'a souvent
dit, que s'il fût monté à cheval, et qu'il eût
chargé à la tête des siens, l'insurrection aurait
été dissipée.

Dans ce moment, les membres du département voyant le désordre général du château,
et désespérant du succès de la résistance, se
présentèrent au roi, et lui conseillèrent de se
retirer au sein de l'assemblée. Ce conseil, tant
de fois calomnié, comme tous ceux qu'on
donne aux rois, et qui ne réussissent pas, était
le seul convenable dans le moment. Par cette

retraite, toute effusion de sang était prévenue, et la famille royale échappait à une mort presque certaine, si le palais était pris d'assaut. Dans l'état où se trouvaient les choses, le succès de cet assaut n'était pas douteux, et l'eût-il été, le doute suffisait pour qu'on évitât de s'y exposer.

La reine s'opposa vivement à ce projet. — Madame, lui dit Rœderer, vous exposez la vie de votre époux et celle de vos enfants : songez à la responsabilité dont vous vous chargez. — L'altercation fut assez vive; enfin le roi se décida à se retirer dans l'assemblée; et d'un air résigné : Partons, dit-il à sa famille et à ceux qui l'entouraient. — Monsieur, dit la reine à Rœderer, vous répondez de la vie du roi et de mes enfants. — Madame, répliqua le procureur-syndic, je réponds de mourir à leurs côtés, mais je ne promets rien de plus.

On se mit alors en marche pour se rendre à l'assemblée, par le jardin, la terrasse des Feuillants et la cour du Manége. Tous les gentilshommes et les serviteurs du château se précipitaient pour suivre le roi, et ils pouvaient le compromettre en irritant le peuple et en indisposant l'assemblée par leur présence. Rœderer faisait de vains efforts pour les arrêter, et leur répétait de toutes ses forces, qu'ils allaient faire égorger la famille royale. Il parvint enfin à en écarter un grand nombre, et on partit. Un détachement de Suisses et des gardes nationaux accompagnèrent la famille royale. Une députation de l'assemblée vint la recevoir pour la conduire dans son sein. Dans ce moment, l'affluence fut si grande, que la foule était impénétrable. Un grenadier d'une haute taille se saisit du dauphin, et, l'élevant dans ses bras, traverse la multitude en le portant au-dessus de sa tête. La reine, à cette vue, croit qu'on lui enlève son fils, et pousse un cri; mais on la rassure; le grenadier entre, et vient déposer le royal enfant sur le bureau de l'assemblée.

Le roi et sa famille pénètrent alors, suivis de deux ministres. — Je viens, dit Louis XVI, pour éviter un grand crime, et je pense, messieurs, que je ne saurais être plus en sûreté qu'au milieu de vous.

Vergniaud présidait; il répond au monarque, qu'il peut compter sur la fermeté de l'assemblée nationale, et que ses membres ont juré de mourir en défendant les autorités constituées.

Le roi s'assied à côté du président; mais sur l'observation de Chabot, que sa présence peut nuire à la liberté des délibérations, on le place dans la loge du journaliste chargé de recueillir les séances. On en détruit la grille de fer, pour que si la loge était envahie, il pût, avec sa famille, se précipiter sans obstacle dans l'assemblée. Le prince aide de ses mains à ce travail; la grille est renversée, et les outrages, les menaces peuvent arriver plus librement dans le dernier asile du monarque détrôné.

Rœderer fait alors le récit de ce qui s'est passé; il dépeint la fureur de la multitude, et les dangers auxquels est exposé le château, dont les cours ont déja été envahies. L'assemblée ordonne que vingt de ses commissaires iront calmer le peuple. Les commissaires partent. Tout-à-coup on entend une décharge de canons. La consternation se répand dans la salle. — Je vous avertis, dit le roi, que je viens de défendre aux Suisses de tirer. — Mais les coups de canon sont entendus de nouveau; le bruit de la mousqueterie s'y joint; le trouble est à son comble. Bientôt on annonce que les commissaires députés par l'assemblée ont été dispersés. Au même instant la porte de la salle est attaquée, et retentit de coups effrayants; des citoyens armés se montrent à l'une des entrées. — Nous sommes forcés, s'écrie un officier municipal. Le président se couvre; une foule de députés se précipitent de leur siége

pour écarter les assaillants; enfin le tumulte s'apaise, et au bruit non interrompu de la mousqueterie et du canon, les députés crient vive la nation, la liberté, l'égalité!

Le combat le plus meurtrier s'était engagé au château. Le roi l'ayant quitté, on avait cru naturellement que le peuple ne s'acharnerait plus contre une demeure abandonnée; d'ailleurs, le trouble où l'on était empêchait de s'en occuper, et on n'avait donné aucun ordre pour le faire évacuer. Seulement on fit rentrer dans l'intérieur du palais toutes les troupes qui occupaient les cours, et elles se trouvèrent confusément répandues dans les appartements, avec les domestiques, les gentilshommes et les officiers. La foule était immense au château, et on pouvait à peine s'y mouvoir, malgré sa vaste étendue.

Le peuple, qui peut-être ignorait le départ du roi, après avoir attendu assez long-temps devant le guichet principal, attaque enfin la porte, l'enfonce à coups de hache, et se précipite dans la cour Royale. Il se forme alors en colonne, et tourne contre le château les pièces de canon imprudemment laissées dans la cour après la retraite des troupes. Cependant les assaillants n'attaquent pas encore. Ils font des démonstrations amicales aux soldats qui étaient

18.

aux fenêtres : — Livrez-nous le château, s'écrient-ils, et nous sommes amis. Les Suisses témoignent des intentions pacifiques, et jettent des cartouches par les fenêtres. Quelques assiégeants, plus hardis, se détachent des colonnes et s'avancent jusque sous le vestibule du château. Au pied du grand escalier on avait placé une pièce de bois en forme de barricade, derrière laquelle étaient retranchés, pêle-mêle, des Suisses et des gardes nationaux. Ceux qui, du dehors, étaient parvenus jusque-là, voulaient pénétrer plus loin et enlever la barrière. Après une contestation assez longue, qui cependant n'amène pas encore de combat, la barrière est enlevée. Alors les assaillants s'introduisent dans l'escalier, en répétant qu'il faut que le château leur soit livré. On assure que dans ce moment des hommes à piques, restés dans la cour, s'emparent avec des crochets des sentinelles suisses placées en dehors, et les égorgent; on ajoute qu'un coup de fusil est tiré contre les fenêtres, et que les Suisses, indignés, répondent en faisant feu. Aussitôt, en effet, une décharge terrible retentit dans le château, et ceux qui y avaient pénétré, fuient en criant qu'ils sont trahis. Il est difficile de bien savoir, au milieu de cette confusion, de quel côté sont partis les premiers coups. Les assaillants ont prétendu s'être avancés amicalement, et une fois engagés dans le château, avoir été surpris et fusillés par trahison; c'est peu vraisemblable, car les Suisses n'étaient pas dans une situation à provoquer le combat. N'ayant plus aucun devoir de se battre, depuis le départ du roi, ils ne devaient songer qu'à se sauver, et une trahison n'en était pas le moyen. D'ailleurs, quand même l'agression pourrait changer quelque chose au caractère moral de ces événements, il faudrait convenir que la première et réelle agression, c'est-à-dire l'attaque du château, venait des insurgés. Le reste n'était plus qu'un accident inévitable, et imputable au hasard seul. Quoi qu'il en soit, ceux qui s'étaient introduits dans le vestibule et dans le grand escalier, entendent tout-à-coup la décharge, et tandis qu'ils fuient, ils reçoivent dans l'escalier même une grêle de balles. Les Suisses descendent alors en bon ordre; et, arrivés aux dernières marches, ils débouchent par le vestibule dans la cour Royale. Là, ils s'emparent d'une des pièces de canon qui étaient dans la cour; et, malgré un feu terrible, ils la tournent et la déchargent sur les Marseillais, dont ils renversent un grand nombre. Les Marseillais se replient alors, et, le feu continuant, ils abandonnent la cour. La terreur se répand aussitôt parmi le peuple, qui fuit de tout côté, et regagne les faubourgs. Si, dans ce moment, les Suisses avaient poursuivi leurs avantages, si les gendarmes placés au Louvre, au lieu de déserter leur poste, avaient chargé les assiégeants repoussés, c'en était fait, et la victoire restait au château.

Mais dans ce moment arriva l'ordre du roi, confié à M. d'Hervilly, et portant défense de faire feu. M. d'Hervilly parvient sous le vestibule au moment où les Suisses venaient de repousser les assiégeants. Il les arrête, et leur enjoint de la part du roi, de le suivre à l'assemblée. Les Suisses alors, en assez grand nombre, suivent M. d'Hervilly aux Feuillants, au milieu des décharges les plus meurtrières. Le château se trouve ainsi privé de la majeure partie de ses défenseurs. Il reste cependant encore, soit dans l'escalier, soit dans les appartements, un assez grand nombre de malheureux Suisses, auxquels l'ordre n'est point parvenu, et qui bientôt vont être exposés, sans moyens de résistance, aux plus terribles dangers.

Pendant ce temps, les assiégeants s'étaient ralliés. Les Marseillais, unis aux Bretons, s'indignaient d'avoir cédé; ils se raniment et reviennent à la charge, pleins de fureur. Westermann, qui depuis montra des talents véritables,

dirige leurs efforts avec intelligence; ils se précipitent avec ardeur, tombent en grand nombre, mais arrivent enfin sous le vestibule, franchissent l'escalier, et se rendent maîtres du château. La populace à piques s'y précipite à leur suite, et le reste de cette scène n'est bientôt plus qu'un massacre. Les malheureux Suisses implorent en vain leur grace en jetant leurs armes; ils sont impitoyablement égorgés. Le feu est mis au château; les serviteurs qui le remplissent sont poursuivis; les uns fuient, les autres sont immolés. Dans le nombre, il y a des vainqueurs généreux : — « Grace aux « femmes! s'écrie l'un d'entre eux; ne déshono- « rez pas la nation! » et il sauve des dames de la reine, qui étaient à genoux, en présence des sabres levés sur leur tête. Il y eut des victimes courageuses; il y en eut d'ingénieuses à se sauver, quand il n'y avait plus de courage à se défendre; il y eut même, chez ces vainqueurs furieux, des mouvements de probité; et l'or trouvé au château, soit vanité populaire, soit le désintéressement qui naît de l'exaltation, fut rapporté à l'assemblée.

L'assemblée était demeurée dans l'anxiété, attendant l'issue du combat. Enfin à onze heures, on entend les cris de victoire mille fois répétés. Les portes cèdent sous l'effort d'une multitude ivre de joie et de fureur. La salle est remplie des débris qu'on y apporte, des Suisses qu'on a faits prisonniers, et auxquels on accorde la vie, pour faire hommage à l'assemblée de cette clémence populaire. Pendant ce temps, le roi et sa famille, retirés dans l'étroite loge d'un journaliste, assistaient à la ruine de leur trône et à la joie de leurs vainqueurs. Vergniaud avait quitté un instant la présidence pour rédiger le décret de la déchéance; il rentre, et l'assemblée rend ce décret célèbre, d'après lequel,

Louis XVI est provisoirement suspendu de la royauté;

Un plan d'éducation est ordonné pour le prince royal;

Une convention nationale est convoquée.

Était-ce donc un projet longuement arrêté que celui de ruiner la monarchie, puisqu'on ne faisait que suspendre le roi, et qu'on préparait l'éducation du prince? Avec quelle crainte, au contraire, ne touchait-on pas à cet antique pouvoir? Avec quelle espèce d'hésitation n'approchait-on pas de ce vieux tronc, sous lequel les générations françaises avaient été tour à tour heureuses ou malheureuses, mais sous lequel enfin elles avaient vécu?

Cependant l'imagination publique est prompte; peu de temps lui devait suffire pour dépouiller les restes d'un antique respect; et la monarchie suspendue allait être bientôt la monarchie détruite. Elle allait périr, non dans la personne d'un Louis XI, d'un Charles IX, d'un Louis XIV, mais dans celle de Louis XVI, l'un des rois les plus honnêtes qui se soient assis sur le trône.

FIN DU TOME SECOND.

NOTES

ET

PIÈCES JUSTIFICATIVES

DU TOME SECOND.

NOTE 1, PAGE 10.

Le ministre Bertrand de Molleville a fait connaître les dispositions du roi et de la reine, au commencement de la première législature, d'une manière qui laisse peu de doutes sur leur sincérité. Voici comment il raconte sa première entrevue avec ces augustes personnages :

« Après avoir répondu à quelques observations générales que j'avais faites sur la difficulté des circonstances, et sur les fautes sans nombre que je pourrais commettre dans un département que je ne connaissais point, le roi me dit : « Eh bien ! vous reste-t-il encore
« quelque objection ? — Non, sire ; le désir d'obéir et de
« plaire à votre majesté est le seul sentiment que j'é-
« prouve ; mais pour savoir si je peux me flatter de la

« servir utilement, il serait nécessaire qu'elle eût la
« bonté de me faire connaître quel est son plan relati-
« vement à la constitution, quelle est la conduite qu'elle
« désire que tiennent ses ministres. — C'est juste, ré-
« pondit le roi : je ne regarde pas cette constitution
« comme un chef-d'œuvre, à beaucoup près; je crois
« qu'il y a de très-grands défauts, et que si j'avais eu
« la liberté d'adresser des observations à l'assemblée,
« il en serait résulté des réformes très-avantageuses;
« mais aujourd'hui il n'est plus temps; et je l'ai accep-
« tée telle qu'elle est; j'ai juré de la faire exécuter,
« je dois être strictement fidèle à mon serment, d'au-
« tant plus que je crois que l'exécution la plus exacte
« de la constitution est le moyen le plus sûr de la faire
« connaître à la nation, et de lui faire apercevoir les
« changements qu'il convient d'y faire. Je n'ai ni ne puis
« avoir d'autre plan que celui-là : je ne m'en écarterai
« certainement pas, et je désire que les ministres s'y
« conforment. — Ce plan me paraît infiniment sage,
« sire; je me sens en état de le suivre, et j'en prends
« l'engagement. Je n'ai pas assez étudié la nouvelle
« constitution dans son ensemble, ni dans ses détails,
« pour en avoir une opinion arrêtée, et je m'abstien-
« drai d'en adopter une, quelle qu'elle soit, avant que
« son exécution ait mis la nation à portée de l'apprécier
« par ses effets. Mais me serait-il permis de demander
« à votre majesté si l'opinion de la reine, sur ce point,
« est conforme à celle du roi? — Oui, absolument, elle
« vous le dira elle-même. »

« Je descendis chez la reine, qui, après m'avoir témoi-
gné avec une extrême bonté combien elle partageait

l'obligation que le roi m'avait d'accepter le ministère dans des circonstances aussi critiques, ajouta ces mots : « Le roi vous a fait connaître ses intentions relative« ment à la constitution ; ne pensez-vous pas que le « seul plan qu'il y ait à suivre, est d'être fidèle à son « serment? — Oui, certainement, madame. — Eh bien! « soyez sûr qu'on ne nous fera pas changer. Allons, « M. Bertrand, du courage; j'espère qu'avec de la pa« tience, de la fermeté et de la suite, tout n'est pas en« core perdu.'»

(*Bertrand de Molleville*, tome *VI*, page 22.)

Au témoignage de Bertrand de Molleville se joint celui de madame Campan, qui, quoique suspect quelquefois, a dans cette occasion un grand air de vérité.

« La constitution avait été, comme j'ai dit, présentée au roi le 3 septembre; je reviens sur cette présentation, parce qu'elle offrait un sujet de délibération bien important. Tous les ministres, excepté M. de Montmorin, insistèrent sur la nécessité d'accepter l'acte constitutionnel dans son entier. Ce fut aussi l'avis du prince de Kaunitz. Malouet désirait que le roi s'expliquât avec sincérité sur les vices et les dangers qu'il remarquait dans la constitution. Mais Duport et Barnave, alarmés de l'esprit qui régnait dans la société des Jacobins, et même dans l'assemblée où Robespierre les avait déja dénoncés comme traîtres à la patrie, et craignant de grands malheurs, unirent leurs avis à ceux de la majorité des ministres et de M. de Kaunitz. Ceux qui voulaient franchement maintenir la constitution, conseillaient de ne point l'accepter purement et simplement;

de ce nombre étaient, comme je l'ai dit, MM. Montmorin et Malouet. Le roi paraissait goûter leur avis; et c'est une des plus grandes preuves de la sincérité de l'infortuné monarque. »

(*Mémoires de madame Campan*, tome II, page 161.)

NOTE 2, PAGE 22.

C'est madame Campan qui s'est chargée de nous apprendre que le roi avait une correspondance secrète avec Coblentz.

« Pendant que des courriers portaient les lettres confidentielles du roi aux princes ses frères et aux princes étrangers, l'assemblée fit inviter le roi à écrire aux princes, pour les engager à rentrer en France. Le roi chargea l'abbé de Montesquiou de lui faire la lettre qu'il voulait envoyer. Cette lettre, parfaitement écrite, d'un style touchant et simple, analogue au caractère de Louis XVI, et remplie d'arguments très-forts sur l'avantage de se rallier aux principes de la constitution, me fut confiée par le roi, qui me chargea de lui en faire une copie.

« A cette époque, M. Mor...., un des intendants de la maison de Monsieur, obtint de l'assemblée un passe-port pour se rendre près du prince, à raison d'un travail indispensable sur sa maison. La reine le choisit pour porter cette lettre; elle voulut la lui remettre elle-même, et lui en fit connaître le motif. Le choix de ce courrier m'étonnait : la reine m'assura qu'il était parfait, qu'elle comptait même sur son indiscrétion, et qu'il était seulement essentiel que l'on eût connaissance de la lettre du roi à ses frères. *Les princes étaient sans doute prévenus par la correspondance particulière.* Monsieur montra cependant quelque surprise; et le messager revint plus affligé que satisfait d'une semblable marque de confiance qui pensa lui coûter la vie pendant les années de terreur. »

(*Mémoires de madame Campan, tome II, page* 172.)

NOTE 3, PAGE 28

Lettre du roi à Louis-Stanislas-Xavier, prince français, frère du roi.

Paris, le 11 novembre 1791.

« Je vous ai écrit, mon frère, le 16 octobre dernier, et vous avez dû ne pas douter de mes véritables sentiments. Je suis étonné que ma lettre n'ait pas produit l'effet que je devais en attendre. Pour vous rappeler à vos devoirs, j'ai employé tous les motifs qui doivent le plus vous toucher. Votre absence est un prétexte pour tous les malveillants, une sorte d'excuse pour tous les Français trompés, qui croient me servir en tenant la France entière dans une inquiétude et une agitation qui font le tourment de ma vie. La révolution est finie, la constitution est achevée, la France la veut, je la maintiendrai : c'est de son affermissement que dépend aujourd'hui le salut de la monarchie. La constitution vous a donné des droits ; elle y a mis une condition que vous devez vous hâter de remplir. Croyez-moi, mon frère, repoussez les doutes qu'on voudrait vous donner sur ma liberté. Je vais prouver, par un acte bien solennel, et dans une circonstance qui vous intéresse, que je puis agir librement. Prouvez-moi que vous êtes mon frère et Français, en cédant à mes instances. Votre véritable place est auprès de moi; votre intérêt, vos sentiments vous conseillent également de venir la reprendre; je vous y invite, et s'il le faut, je vous l'ordonne.

« *Signé* LOUIS. »

Réponse de Monsieur au roi.

Coblentz, le 3 décembre 1791.

« Sire, mon frère et seigneur,

« Le comte de Vergennes m'a remis, de la part de votre majesté, une lettre dont l'adresse, malgré mes noms de baptême qui s'y trouvent, est si peu la mienne, que j'ai pensé la lui rendre sans l'ouvrir. Cependant, sur son assertion positive qu'elle était pour moi, je l'ai ouverte, et le nom de frère que j'y ai trouvé ne m'ayant plus laissé de doute, je l'ai lue avec le respect que je dois à l'écriture et au seing de votre majesté. L'ordre qu'elle contient de me rendre auprès de la personne de votre majesté, n'est pas l'expression libre de sa volonté, et mon honneur, mon devoir, ma tendresse même, me défendent également d'y obéir. Si votre majesté veut connaître tous ces motifs plus en détail, je la supplie de se rappeler ma lettre du 10 septembre dernier. Je la supplie aussi de recevoir avec bonté l'hommage des sentiments, aussi tendres que respectueux, avec lesquels je suis, sire, etc., etc., etc. »

Lettre du roi à Charles-Philippe, prince français, frère du roi.

Paris, le 11 novembre 1791.

« Vous avez sûrement connaissance du décret que l'assemblée nationale a rendu relativement aux Français éloignés de leur patrie ; je ne crois pas devoir y donner mon consentement, aimant à me persuader que les moyens de douceur rempliront plus efficacement le but qu'on se propose, et que réclame l'intérêt de l'état. Les diverses démarches que j'ai faites auprès de vous ne peuvent vous laisser aucun doute sur mes intentions ni sur mes vœux. La tranquillité publique et mon repos personnel sont intéressés à votre retour. Vous ne pourriez prolonger une conduite qui inquiète la France et qui m'afflige, sans manquer à vos devoirs les plus essentiels. Épargnez-moi le regret de recourir à des mesures sévères contre vous ; consultez votre véritable intérêt ; laissez-vous guider par l'attachement que vous devez à votre pays, et cédez enfin au vœu des Français, et à celui de votre roi. Cette démarche, de votre part, sera une preuve de vos sentiments pour moi, et vous assurera la continuation de ceux que j'ai toujours eus pour vous.

« *Signé* LOUIS. »

Réponse de M. le comte d'Artois au roi.

Coblentz, le 3 décembre 1791.

« Sire, mon frère et seigneur,

« Le comte de Vergennes m'a remis hier une lettre qu'il m'a assuré m'avoir été adressée par votre majesté. La suscription, qui me donne un titre que je ne puis admettre, m'a fait croire que cette lettre ne m'était pas destinée; cependant ayant reconnu le cachet de votre majesté, je l'ai ouverte, j'ai respecté l'écriture et la signature de mon roi; mais l'omission totale du nom de frère, et, plus que tout, les décisions rappelées dans cette lettre, m'ont donné une nouvelle preuve de la captivité morale et physique où nos ennemis osent retenir votre majesté. D'après cet exposé, votre majesté trouvera simple que, fidèle à mon devoir et aux lois de l'honneur, je n'obéisse pas à des ordres évidemment arrachés par la violence.

« Au surplus, la lettre que j'ai eu l'honneur d'écrire à votre majesté, conjointement avec Monsieur, le 10 septembre dernier, contient les sentiments, les principes et les résolutions dont je ne m'écarterai jamais;

je m'y réfère donc absolument; elle sera la base de ma conduite, et j'en renouvelle ici le serment. Je supplie votre majesté de recevoir l'hommage des sentiments, aussi tendres que respectueux, avec lesquels je suis, sire, etc., etc., etc. »

NOTE 4, PAGE 29.

Le rapport de MM. Gallois et Gensonné est sans contredit le meilleur historique du commencement des troubles dans la Vendée. L'origine de ces troubles en est la partie la plus intéressante, parce qu'elle en fait connaître les causes. J'ai donc cru nécessaire de citer ce rapport. Il me semble qu'il éclaircit l'une des parties les plus curieuses de cette funeste histoire.

Rapport de MM. Gallois et Gensonné, commissaires civils envoyés dans les départements de la Vendée et des Deux-Sèvres, en vertu des décrets de l'assemblée constituante, fait à l'assemblée législative le 6 octobre 1791.

« Messieurs, l'assemblée nationale a décrété le 16 juillet dernier, sur le rapport de son comité des recherches, que des commissaires civils seraient envoyés dans le département de la Vendée pour y prendre tous les éclaircissements qu'ils pourraient se procurer sur les causes des derniers troubles de ce pays, et concourir avec les corps administratifs au rétablissement de la tranquillité publique.

« Le 23 juillet nous avons été chargés de cette mission, et nous sommes partis deux jours après pour nous rendre à Fontenay-le-Comte, chef-lieu de ce département.

« Après avoir conféré pendant quelques jours avec les administrateurs du directoire sur la situation des choses et la disposition des esprits; après avoir arrêté avec les trois corps administratifs quelques mesures préliminaires pour le maintien de l'ordre public, nous nous sommes déterminés à nous transporter dans les différents districts qui composent ce département, afin d'examiner ce qu'il y avait de vrai ou de faux, de réel ou d'exagéré dans les plaintes qui nous étaient déjà parvenues, afin de constater en un mot avec le plus d'exactitude possible la situation de ce département.

« Nous l'avons parcouru presque dans toute son étendue, tantôt pour y prendre des renseignements qui nous étaient nécessaires, tantôt pour y maintenir la paix, prévenir les troubles publics, ou pour empêcher les violences dont quelques citoyens se croyaient menacés.

« Nous avons entendu dans plusieurs directoires de districts toutes les municipalités dont chacun d'eux est composé; nous avons écouté avec la plus grande attention tous les citoyens qui avaient soit des faits à nous communiquer, soit des vues à nous proposer; nous avons recueilli avec soin, en les comparant, tous les détails qui sont parvenus à notre connaissance; mais comme nos informations ont été plus nombreuses que variées, comme partout les faits, les plaintes, les observations ont été semblables, nous allons vous présenter sous un point de vue général et d'une manière abrégée, mais exacte, le résultat de cette foule de faits particuliers.

« Nous croyons inutile de mettre sous vos yeux les détails que nous nous étions procurés concernant les troubles antérieurs; ils ne nous ont pas paru avoir une influence bien directe sur la situation actuelle de ce département; d'ailleurs la loi de l'amnistie ayant arrêté les progrès de différentes procédures auxquelles ces troubles avaient donné lieu, nous ne pourrions vous présenter sur ces objets que des conjectures vagues et des résultats incertains.

« L'époque de la prestation du serment ecclésiastique a été pour le département de la Vendée la première époque de ses troubles; jusqu'alors le peuple y avait joui de la plus grande tranquillité. Éloigné du centre commun de toutes les actions et de toutes les résistances, disposé par son caractère naturel à l'amour de la paix, au sentiment de l'ordre, au respect de la loi, il recueillait les bienfaits de la révolution sans en éprouver les orages.

« Dans les campagnes, la difficulté des communications, la simplicité d'une vie purement agricole, les leçons de l'enfance et des emblèmes religieux destinés à fixer sans cesse nos regards, ont ouvert son âme à une foule d'impressions superstitieuses que dans l'état actuel des choses nulle espèce de lumière ne peut ni détruire ni modérer.

« Sa religion, c'est-à-dire, la religion telle qu'il la conçoit, est devenue pour lui la plus forte et pour ainsi dire l'unique habitude morale de sa vie ; l'objet le plus essentiel qu'elle lui présente est le culte des images, et le ministre de ce culte, celui que les habitants des campagnes regardent comme le dispensateur des graces célestes, qui peut, par la ferveur de ses prières, adoucir l'intempérie des saisons, et qui dispose du bonheur d'une vie future, a bientôt réuni en sa faveur les plus douces comme les plus vives affections de leurs ames.

« La constance du peuple de ce département dans l'exercice de ses actions religieuses, et la confiance illimitée dont y jouissent les prêtres auxquels il est habitué, sont un des principaux éléments des troubles qui l'ont agité, et qui peuvent l'agiter encore.

« Il est aisé de concevoir avec quelle activité des prêtres ou égarés ou factieux ont pu mettre à profit ces dispositions du peuple à leur égard : on n'a rien négligé pour échauffer le zèle, alarmer les consciences, fortifier les caractères faibles, soutenir les caractères décidés ; on a donné aux uns des inquiétudes et des remords ; on a donné aux autres des espérances de bonheur et de salut ; on a essayé sur presque tous, avec succès, l'influence de la séduction et de la crainte.

« Plusieurs d'entre ces ecclésiastiques sont de bonne foi ; ils paraissent fortement pénétrés et des idées qu'ils répandent et des sentiments qu'ils inspirent : d'autres sont accusés de couvrir du zèle de la religion des intérêts plus chers à leurs cœurs ; ceux-ci ont une activité politique qui s'accroît ou se modère selon les circonstances.

« Une coalition puissante s'est formée entre l'ancien

évêque de Luçon et une partie de l'ancien clergé de son diocèse ; on a arrêté un plan d'opposition à l'exécution des décrets qui devaient se réaliser dans toutes les paroisses ; des mandements, des écrits incendiaires envoyés de Paris ont été adressés à tous les curés pour les fortifier dans leur résolution, ou les engager dans une confédération qu'on supposait générale : une lettre circulaire de M. Beauregard, grand-vicaire de M. de Merci, ci-devant évêque de Luçon, déposée au greffe du tribunal de Fontenay, et que cet ecclésiastique a reconnue lors de son interrogatoire, fixera votre opinion, messieurs, d'une manière exacte, et sur le secret de cette coalition, et sur la marche très-habilement combinée de ceux qui l'ont formée. La voici :

Lettre datée de Luçon, du 31 mai 1791, sous enveloppe, à l'adresse du curé de la Réorthe.

« Un décret de l'assemblée nationale, monsieur, en date du 7 mai, accorde aux ecclésiastiques qu'elle a prétendu destituer pour refus du serment, l'usage des églises paroissiales pour y dire la messe seulement ; le même décret autorise les catholiques romains, ainsi que tous les non-conformistes, à s'assembler pour l'exercice de leur culte religieux dans le lieu qu'ils auront choisi à cet effet, à la charge que dans les instructions publiques il ne sera rien dit contre la constitution civile du clergé.

« La liberté accordée aux pasteurs légitimes par le premier article de ce décret doit être regardée comme un piége d'autant plus dangereux que les fidèles ne trouveraient dans les églises dont les intrus se sont emparés, d'autres instructions que celles de leurs faux pasteurs; qu'ils ne pourraient y recevoir des sacrements que de leurs mains, et qu'ainsi ils auraient avec ces pasteurs schismatiques une communication que les lois de l'Église interdisent. Pour éviter un aussi grand mal, messieurs les curés sentiront la nécessité de s'assurer au plus tôt d'un lieu où ils puissent, en vertu du second article de ce décret, exercer leurs fonctions et réunir leurs fidèles paroissiens, dès que leur prétendu successeur se sera emparé de leur église; sans cette précaution, les catholiques, dans la crainte d'être privés de la messe et des offices divins, appelés par la voix des faux pasteurs, seraient bientôt engagés à communiquer avec eux, et exposés aux risques d'une séduction presque inévitable.

« Dans les paroisses où il y a peu de propriétaires aisés, il sera sans doute difficile de trouver un local convenable, de se procurer des vases sacrés et des ornements; alors une simple grange, un autel portatif, une chasuble d'indienne ou de quelque autre étoffe commune, des vases d'étain, suffiront, dans ce cas de nécessité, pour célébrer les saints mystères et l'office divin.

« Cette simplicité, cette pauvreté, en nous rappelant les premiers siècles de l'Église et le berceau de notre sainte religion, peut être un puissant moyen pour exciter le zèle des ministres et la ferveur des fidèles; les premiers chrétiens n'avaient d'autres temples que leurs maisons; c'est là que se réunissaient les pasteurs et le troupeau pour y célébrer les saints mystères, entendre la parole de Dieu, et chanter les louanges du Seigneur. Dans les persécutions dont l'Église fut affligée, forcés d'abandonner leurs basiliques, on en vit se retirer dans les cavernes, et jusque dans les tombeaux; et ces temps d'épreuves furent pour les vrais fidèles l'époque de la plus grande ferveur. Il est bien peu de paroisses où messieurs les curés ne puissent se procurer un local et des ornements tels que je viens de les dépeindre, et, en attendant qu'ils se soient pourvus des choses nécessaires, ceux de leurs voisins qui ne seront pas déplacés pourront les aider de ce qui sera dans leur église à leur disposition. Nous pourrons incessamment fournir des pierres sacrées à ceux qui en auront besoin, et dès à présent nous pouvons faire consacrer les calices ou les vases qui en tiendront lieu.

« M. l'évêque de Luçon, dans des avis particuliers qu'il nous a transmis pour servir de supplément à l'instruction de M. l'évêque de Langres, et qui seront également communiqués dans les différents diocèses, propose à messieurs les curés :

« 1° De tenir un double registre où seront inscrits les actes de baptême, mariage et sépulture des catholiques de la paroisse : un de ces registres restera entre leurs mains : l'autre sera par eux déposé tous les ans entre les mains d'une personne de confiance.

« 2° Indépendamment de ce registre, messieurs les curés en tiendront un autre, aussi double, où seront inscrits les actes de dispenses, concernant les mariages, qu'ils auront accordées en vertu des pouvoirs qui leur seront donnés par l'article 18 de l'instruction : ces actes seront signés de deux témoins sûrs et fidèles, et, pour leur donner plus d'authenticité, les registres destinés à les inscrire seront approuvés, cotés et parafés par M. l'évêque, ou, en son absence, par un de ses vicaires généraux; un double de ce registre sera remis, comme il est dit ci-dessus, à une personne de confiance.

« 3° Messieurs les curés attendront, s'il est possible, pour se retirer de leur église et de leur presbytère, que leur prétendu successeur leur ait notifié l'acte de sa nomination et institution, et ils protesteront contre tout ce qui serait fait en conséquence.

« 4° Ils dresseront en secret un procès-verbal de l'installation du prétendu curé, et de l'invasion par lui faite de l'église paroissiale et du presbytère: dans ce procès-verbal, dont je joins ici le modèle, ils protesteront formellement contre tous les actes de la juridiction qu'il voudrait exercer comme curé de la paroisse; et pour donner à cet acte toute l'authenticité possible, il sera signé par le curé, son vicaire, s'il y en a un, et un prêtre voisin, et même par deux ou trois laïcs pieux et discrets, en prenant néanmoins toutes les précautions pour ne pas compromettre le secret.

« 5° Ceux de messieurs les curés dont les paroisses seraient déclarées supprimées sans l'intervention de l'évêque légitime, useront des mêmes moyens; ils se regarderont toujours comme seuls légitimes pasteurs de leurs paroisses; et s'il leur était absolument impossible d'y demeurer, ils tâcheront de se procurer un logement dans le voisinage et à la portée de pourvoir aux besoins spirituels de leurs paroissiens, et ils auront grand soin de les prévenir et de les instruire de leurs devoirs à cet égard.

« 6° Si la puissance civile s'oppose à ce que les fidèles

catholiques aient un cimetière commun, ou si les parents des défunts montrent une trop grande répugnance à ce qu'ils soient enterrés dans un lieu particulier, quoique béni spécialement, comme il est dit article 19 de l'instruction, après que le pasteur légitime ou l'un de ses représentants aura fait à la maison les prières prescrites par le rituel, et aura dressé l'acte mortuaire, qui sera signé par les parents, on pourra porter le corps du défunt à la porte de l'église, et les parents pourront l'accompagner; mais ils seront avertis de se retirer au moment où le curé et les vicaires intrus viendraient faire la levée du corps, pour ne pas participer aux cérémonies et aux prières de ces prêtres schismatiques.

« 7° Dans les actes, lorsque l'on contestera aux curés remplacés leur titre de curé, ils signeront ces actes de leur nom de baptême et de famille, sans prendre aucune qualité.

« Je vous prie, monsieur, et ceux de messieurs vos confrères à qui vous croirez devoir communiquer ma lettre, de vouloir bien nous informer du moment de votre remplacement, s'il y a lieu, de l'installation de votre prétendu successeur, et de ses circonstances les plus remarquables, des dispositions de vos paroissiens à cet égard, des moyens que vous croirez devoir prendre pour le service de votre paroisse et de votre demeure, si vous êtes absolument forcé d'en sortir. Vous ne doutez sûrement pas que tous ces détails ne nous intéressent bien vivement; vos peines sont les nôtres, et notre vœu le plus ardent serait de pouvoir, en les partageant, en adoucir l'amertume.

« J'ai l'honneur d'être, avec un respectueux et inviolable attachement, votre très-humble et très-obéissant serviteur. »

« Ces manœuvres ont été puissamment secondées par des missionnaires établis dans le bourg de Saint-Laurent, district de Montaigu ; c'est même à l'activité de leur zèle, à leurs sourdes menées, à leurs infatigables et secrètes prédications, que nous croyons devoir principalement attribuer la disposition d'une très-grande partie du peuple dans la presque totalité du département de la Vendée, et dans le district de Châtillon, département des Deux-Sèvres ; il importe essentiellement de fixer l'attention de l'assemblée nationale sur la conduite de ces missionnaires et l'esprit de leur institution.

« Cet établissement fut fondé, il y a environ soixante ans, pour une société de prêtres séculiers vivant d'aumônes, et destinés, en qualité de missionnaires, à la prédication. Ces missionnaires, qui ont acquis la confiance du peuple en distribuant avec art des chapelets, des médailles et des indulgences, et en plaçant sur les chemins de toute cette partie de la France des calvaires de toutes les formes ; ces missionnaires sont devenus depuis assez nombreux pour former de nouveaux établissements dans d'autres parties du royaume. On les trouve dans les ci-devant provinces de Poitou, d'Anjou, de Bretagne et d'Aunis, voués avec la même activité au succès, et en quelque sorte à l'éternelle durée de cette espèce de pratiques religieuses, devenues, par leurs soins assidus, l'unique religion du peuple. Le bourg de Saint-Laurent est leur chef-lieu ; ils y ont bâti récemment une vaste et belle maison conventuelle, et y ont acquis, dit-on, d'autres propriétés territoriales.

« Cette congrégation est liée, par la nature et l'esprit de son institution, à un établissement de sœurs grises, fondé dans le même lieu, et connu sous le nom de *filles de la sagesse*. Consacrées dans ce département et dans plusieurs autres au service des pauvres, et particulièrement des hôpitaux, elles sont pour ces missionnaires un moyen très-actif de correspondance générale dans le royaume: la maison de Saint-Laurent est devenue le lieu de leur retraite, lorsque la ferveur intolérante de leur zèle ou d'autres circonstances ont forcé les administrateurs des hôpitaux qu'elles desservaient, à se passer de leurs secours.

« Pour déterminer votre opinion sur la conduite de ces ardents missionnaires, et sur la morale religieuse qu'ils professent, il suffira, messieurs, de vous présenter un abrégé sommaire des maximes contenues dans différents manuscrits saisis chez eux par les gardes nationales d'Angers et de Cholet.

« Ces manuscrits, rédigés en forme d'instruction pour le peuple des campagnes, établissent en thèse qu'on ne peut s'adresser aux prêtres constitutionnels, qualifiés d'intrus, pour l'administration des sacrements; que tous ceux qui y participent, même par leur seule présence, sont coupables de péché mortel, et qu'il n'y a que l'ignorance ou le défaut d'esprit qui puissent les excuser; que ceux qui auront l'audace de se faire marier par les intrus, ne seront pas mariés, et qu'ils attireront la malédiction divine sur eux et sur leurs enfants; que les choses s'arrangeront de manière que la validité des mariages faits par les anciens curés ne sera pas contestée; mais qu'en attendant il faut se résoudre à tout; que si les enfants ne passent point pour légitimes, ils le seront néanmoins; qu'au contraire les enfants de ceux qui auront été mariés devant les intrus, seront vraiment *bâtards*, parce que Dieu n'aura point ratifié leur union, et qu'il vaut mieux qu'un mariage soit nul devant les hommes que s'il l'était devant Dieu; qu'il ne faut point s'adresser aux nouveaux curés pour les enterrements, et que si l'ancien curé ne peut pas les faire sans exposer sa vie et sa liberté, il faut que les parents ou amis du défunt les fassent eux-mêmes secrètement.

« On y observe que l'ancien curé aura soin de tenir un registre exact pour y enregistrer ces différents actes; qu'à la vérité il est impossible que les tribunaux civils n'y aient aucun égard, mais que c'est un malheur auquel il faut se résoudre; que l'enregistrement civil est un avantage précieux dont il faudra cependant se passer, parce qu'il vaut mieux en être privé que d'apostasier en s'adressant à un intrus.

« Enfin on y exhorte tous les fidèles à n'avoir aucune communication avec l'intrus, aucune part à son intrusion; on y déclare que les officiers municipaux qui l'installeront, seront apostats comme lui, et qu'à l'instant même les sacristains, chantres et sonneurs de cloches, doivent abdiquer leurs emplois.

« Telle est, messieurs, la doctrine absurde et séditieuse que renferment ces manuscrits, et dont la voix publique accuse les missionnaires de Saint-Laurent de s'être rendus les plus ardents propagateurs.

« Ils furent dénoncés dans le temps au comité des recherches de l'assemblée nationale, et le silence qu'on a gardé à leur égard n'a fait qu'ajouter à l'activité de leurs efforts et augmenter leur funeste influence.

« Nous avons cru indispensable de mettre sous vos yeux l'analyse abrégée des principes contenus dans ces écrits, telle qu'elle est exposée dans un arrêté du département de Maine-et-Loire, du 5 juin 1791, parce qu'il suffit de les comparer avec la lettre circulaire du grand-vicaire du ci-devant évêque de Luçon, pour se convaincre qu'ils tiennent à un système d'opposition général contre les décrets sur l'organisation civile du clergé; et l'état actuel de la majorité des paroisses de ce département ne présente que le développement de ce système et les principes de cette doctrine mis presque partout en action.

« Le remplacement trop tardif des curés a beaucoup contribué au succès de cette coalition : ce retard a été nécessité d'abord par le refus de M. Servant, qui, après avoir été nommé à l'évêché du département, et avoir accepté cette place, a déclaré, le 10 avril, qu'il retirait son acceptation. M. Rodrigue, évêque actuel du département, que sa modération et sa fermeté soutiennent presque seules sur un siège environné d'orages et d'inquiétudes, M. Rodrigue n'a pu être nommé que dans les premiers jours du mois de mai. A cette époque, les actes de résistance avaient été calculés et déterminés sur un plan uniforme; l'opposition était ouverte et en pleine activité; les grands-vicaires et les curés s'étaient rapprochés et se tenaient fortement unis par le même lien; les jalousies, les rivalités, les querelles de l'ancienne hiérarchie ecclésiastique avaient eu le temps de disparaître, et tous les intérêts étaient venus se réunir dans un intérêt commun.

« Le remplacement n'a pu s'effectuer qu'en partie; la très-grande majorité des anciens fonctionnaires publics ecclésiastiques existe encore dans les paroisses, revêtue de ses anciennes fonctions; les dernières nominations n'ont eu presque aucun succès; et les sujets nouvellement élus, effrayés par la perspective des contradictions et des désagréments sans nombre que leur nomination leur prépare, n'y répondent que par des refus.

« Cette division des prêtres assermentés et non assermentés a établi une véritable scission dans le peuple de leurs paroisses; les familles y sont divisées; on a vu, et l'on voit chaque jour des femmes se séparer de leurs maris, des enfants abandonner leurs pères: l'état des citoyens n'est le plus souvent constaté que sur des feuilles volantes, et le particulier qui les reçoit, n'étant revêtu d'aucun caractère public, ne peut donner à ce genre de preuve une authenticité légale.

« Les municipalités se sont désorganisées, et le plus grand nombre d'entre elles pour ne pas concourir au déplacement des curés non assermentés.

« Une grande partie des citoyens a renoncé au service de la garde nationale, et celle qui reste ne pourrait être employée sans dangers dans tous les mouvements qui auraient pour principe ou pour objet des actes concernant la religion, parce que le peuple verrait alors dans les gardes nationales, non les instruments impassibles de la loi, mais les agents d'un parti contraire au sien.

« Dans plusieurs parties du département, un administrateur, un juge, un membre du corps électoral, sont vus avec aversion par le peuple, parce qu'ils concourent à l'exécution de la loi relative aux fonctionnaires ecclésiastiques.

« Cette disposition des esprits est d'autant plus déplorable, que les moyens d'instruction deviennent chaque jour plus ou moins difficiles. Le peuple, qui confond les lois générales de l'état et les règlements particuliers pour l'organisation civile du clergé, en fait la lecture et en rend la publication inutile.

« Les mécontents, les hommes qui n'aiment pas le nouveau régime, et ceux qui dans le nouveau régime n'aiment pas les lois relatives au clergé, entretiennent avec soin cette aversion du peuple, fortifient par tous les moyens qui sont en leur pouvoir le crédit des prêtres non assermentés, et affaiblissent le crédit des autres; l'indigent n'obtient de secours, l'artisan ne peut espérer l'emploi de ses talents et de son industrie, qu'autant qu'il s'engage à ne pas aller à la messe du prêtre assermenté, et c'est par ce concours de confiance dans les anciens prêtres d'une part, et de menaces et de séduction de l'autre, qu'en ce moment les églises desservies par les prêtres assermentés sont désertes, et que l'on court en foule dans celles où, par défaut de sujets, les remplacements n'ont pu s'effectuer encore.

« Rien n'est plus commun que de voir dans les paroisses de cinq à six cents personnes, dix ou douze seulement aller à la messe du prêtre assermenté; la proportion est la même dans tous les lieux du département; les jours de dimanche et de fête, on voit des villages et des bourgs entiers dont les habitants désertent leurs foyers pour aller à une et quelquefois deux lieues, entendre la messe d'un prêtre non assermenté. Ces déplacements habituels nous ont paru la cause la plus puissante de la fermentation, tantôt sourde, tantôt ouverte, qui existe dans la presque totalité des paroisses desservies par les prêtres assermentés : on conçoit aisément qu'une multitude d'individus qui se croient obligés par leur conscience d'aller au loin chercher les secours spirituels qui leur conviennent, doivent voir avec aversion, lorsqu'ils rentrent chez eux excédés de fatigue, les cinq ou six personnes qui trouvent à leur portée le prêtre de leur choix : ils considèrent avec envie et traitent avec dureté, souvent même avec violence, des hommes qui leur paraissent avoir un privilége exclusif en matière de religion. La comparaison qu'ils font entre la facilité qu'ils avaient autrefois de trouver à côté d'eux des prêtres qui avaient leur confiance, et l'embarras, la fatigue et la perte de temps qu'occasionnent ces courses répétées, diminue beaucoup leur attachement pour la constitution, à qui ils attribuent tous ces désagréments de leur situation nouvelle.

« C'est à cette cause générale, plus active peut-être en ce moment que la provocation secrète des prêtres non assermentés, que nous croyons devoir attribuer surtout l'état de discorde intérieure où nous avons trouvé la plus grande partie des paroisses du département desservies par les prêtres assermentés.

« Plusieurs d'entre elles nous ont présenté, ainsi qu'aux corps administratifs, des pétitions tendant à être autorisées à louer des édifices particuliers pour l'usage de leur culte religieux ; mais comme ces pétitions, que nous savions être provoquées avec le plus d'activité par des personnes qui ne les signaient pas, nous paraissaient tenir à un système plus général et plus secret, nous n'avons pas cru devoir statuer sur une séparation religieuse que nous croyions à cette époque, et vu la situation de ce département, renfermer tous les caractères d'une scission civile entre les citoyens. Nous avons pensé et dit publiquement que c'était à vous, messieurs, à déterminer d'une manière précise comment et par quel concours d'influences morales, de lois et de moyens d'exécution, l'exercice de la liberté d'opinions religieuses doit, sur cet objet dans les circonstances actuelles, s'allier au maintien de la tranquillité publique.

« On sera surpris sans doute que les prêtres non assermentés qui demeurent dans leurs anciennes paroisses, ne profitent pas de la liberté que leur donne la loi d'aller dire la messe dans l'église desservie par le nouveau curé, et ne s'empressent pas, en usant de cette faculté, d'épargner à leurs anciens paroissiens, à des hommes qui leur sont restés attachés, la perte de temps et les embarras de ces courses nombreuses et forcées. Pour expliquer cette conduite en apparence si extraordinaire, il importe de se rappeler qu'une des choses qui ont été le plus fortement recommandées aux prêtres non assermentés par les hommes habiles qui ont dirigé cette grande entreprise de religion, est de s'abstenir de toute communication avec les prêtres qu'ils appellent intrus et usurpateurs de peur que le peuple, qui n'est frappé que des signes sensibles, ne s'habituât enfin à ne voir aucune différence entre des prêtres qui feraient dans la même église l'exercice du même culte.

« Malheureusement cette division religieuse a produit une séparation politique entre les citoyens, et cette séparation se fortifie encore par la dénomination attribuée à chacun des deux partis : le très-petit nombre de personnes qui vont dans l'église des prêtres assermentés, s'appellent et sont appelés *patriotes*; ceux qui vont dans l'église des prêtres non assermentés sont appelés et s'appellent *aristocrates*. Ainsi, pour ces pauvres habitants des campagnes, l'amour ou la haine de leur patrie consiste aujourd'hui non point à obéir aux lois, à respecter les autorités légitimes, mais à aller ou ne pas aller à la messe du prêtre assermenté; la séduction, l'ignorance et le préjugé ont jeté à cet égard de si profondes racines, que nous avons eu beaucoup de peine à leur faire entendre que la constitution de l'état n'était point la constitution civile du clergé; que la loi ne tyrannisait point les consciences; que chacun était le maître d'aller à la messe qui lui convenait davantage, et vers le prêtre qui avait le plus sa confiance; qu'ils étaient tous égaux aux yeux de la loi, et qu'elle ne leur imposait à cet égard d'autre obligation que de vivre en paix et de supporter mutuellement la différence de leurs opinions religieuses. Nous n'avons rien négligé pour effacer de leur esprit et faire disparaître des discours du peuple des campagnes cette absurde dénomination, et nous nous en sommes occupés avec d'autant plus d'activité, qu'il nous était aisé de calculer à cette époque toutes les conséquences d'une telle démarcation, dans un département où ces prétendus *aristocrates* forment plus des deux tiers de la population.

« Tel est, messieurs, le résultat des faits qui sont parvenus à notre connaissance dans le département de la Vendée, et des réflexions auxquelles ces faits ont donné lieu.

« Nous avons pris sur cet objet toutes les mesures qui étaient en notre pouvoir, soit pour maintenir la tranquillité générale, soit pour prévenir ou pour réprimer les attentats contre l'ordre public; organes de la loi, nous avons fait partout entendre son langage. En même temps que nous établissions des moyens d'ordre et de sûreté, nous nous occupions à expliquer ou éclaircir devant les corps administratifs, les tribunaux ou les particuliers, les difficultés qui naissent soit dans l'intelligence des décrets, soit dans leur mode d'exécution; nous avons invité les corps administratifs et les tribunaux à redoubler de vigilance et de zèle dans l'exécution des lois qui protégent la sûreté des personnes et la propriété des biens, à user en un mot, avec la fermeté qui est un de leurs premiers devoirs, de l'autorité que la loi leur a conférée; nous avons distribué une partie de la force publique qui était à notre réquisition dans les lieux où l'on nous annonçait des périls plus graves ou plus éminents; nous nous sommes transportés dans tous les lieux aux premières annonces de trouble; nous avons constaté l'état des choses avec plus de calme et de réflexion, et après avoir, soit par des paroles de paix et de consolation, soit par la ferme et juste expression de la loi, calmé ce désordre momentané des volontés particulières, nous avons cru que la seule présence de la force publique suffirait. C'est à vous, messieurs, et à vous seulement, qu'il appartient de prendre des mesures véritablement efficaces sur un objet qui, par les rapports où on l'a mis avec la constitution de l'état, exerce en ce moment sur cette constitution une influence beaucoup plus grande que ne pourraient le faire croire les premières et plus simples notions de la raison, séparée de l'expérience des faits.

« Dans toutes nos opérations relatives à la distribution de la force publique, nous avons été secondés de la manière la plus active par un officier-général bien connu par son patriotisme et ses lumières. A peine instruit de notre arrivée dans le département, M. Dumouriez est venu s'associer à nos travaux et concourir avec nous au maintien de la paix publique: nous allions être totalement dépourvus de troupes de ligne dans un moment où nous avions lieu de croire qu'elles nous étaient plus que jamais nécessaires; c'est au zèle, c'est à l'activité de M. Dumouriez que nous avons dû sur-le-champ un secours qui, vu le retard de l'organisation de la gendarmerie nationale, était en quelque sorte l'unique garant de la tranquillité du pays.

« Nous venions, messieurs, de terminer notre mission dans ce département de la Vendée, lorsque le décret de l'assemblée nationale du 8 août, qui, sur la demande des administrateurs du département des Deux-Sèvres, nous autorisait à nous transporter dans le district de Châtillon, nous est parvenu, ainsi qu'au directoire de ce département.

« On nous avait annoncé, à notre arrivée à Fontenay-le-Comte, que ce district était dans le même état de trouble religieux que le département de la Vendée. Quelques jours avant la réception de notre décret de commission, plusieurs citoyens, électeurs et fonctionnaires publics de ce district, vinrent faire au directoire du département des Deux-Sèvres une dénonciation par écrit sur les troubles qu'ils disaient exister en différentes paroisses; ils annoncèrent qu'une insurrection était près d'éclater : le moyen qui leur paraissait le plus sûr et le plus prompt, et qu'ils proposèrent avec beaucoup de force, était de faire sortir du district, dans trois jours, tous les curés non assermentés et remplacés, et tous les vicaires non assermentés. Le directoire, après avoir long-temps répugné à adopter une mesure qui lui paraissait contraire aux principes de l'exacte justice, crut enfin que le caractère public des dénonciateurs suffisait pour constater et la réalité du mal et la pressante nécessité du remède. Un arrêté fut pris en conséquence le 5 septembre, et le directoire, en ordonnant à tous les ecclésiastiques de sortir du district dans trois jours, les invita à se rendre dans le même délai à Niort, chef-lieu du département, leur *assurant qu'ils y trouveraient toute protection et sûreté pour leurs personnes.*

« L'arrêté était déjà imprimé et allait être mis à exécution, lorsque le directoire reçut une expédition du décret de commission qu'il avait sollicité; à l'instant il prit un nouvel arrêté par lequel il suspendait l'exécution du premier, et abandonnait à notre prudence le soin de le confirmer, modifier ou supprimer.

« Deux administrateurs du directoire furent, par le même arrêté, nommés commissaires pour nous faire part de tout ce qui s'était passé, se transporter à Châtillon, et y prendre, de concert avec nous, toutes les mesures que nous croirions nécessaires.

« Arrivés à Châtillon, nous fîmes rassembler les cinquante-six municipalités dont ce district est composé ; elles furent successivement appelées dans la salle du directoire. Nous consultâmes chacune d'elles sur l'état de sa paroisse : toutes les municipalités énonçaient le même vœu ; celles dont les curés avaient été remplacés nous demandaient le retour de ces prêtres ; celles dont les curés non assermentés étaient encore en fonctions, nous demandaient de les conserver. Il est encore un autre point sur lequel tous ces habitants des campagnes se réunissaient : c'est la liberté des opinions religieuses, qu'on leur avait, disaient-ils, accordée, et dont ils désiraient jouir. Le même jour et le jour suivant, les campagnes voisines nous envoyèrent de nombreuses députations de leurs habitants pour réitérer la même prière. « Nous ne sollicitons d'autre grace, nous disaient-« ils unanimement, que d'avoir des prêtres en qui nous « ayons confiance. » Plusieurs d'entre eux attachaient même un si grand prix à cette faveur, qu'ils nous assuraient qu'ils paieraient volontiers, pour l'obtenir, le double de leur imposition.

« La très-grande majorité des fonctionnaires publics ecclésiastiques de ce district n'a pas prêté serment ; et tandis que leurs églises suffisent à peine à l'affluence des citoyens, les églises des prêtres assermentés sont presque désertes. A cet égard, l'état de ce district nous a paru le même que celui du département de la Vendée : là, comme ailleurs, nous avons trouvé la dénomination de *patriote* et d'*aristocrate* complétement établie parmi le peuple, dans le même sens, et peut-être d'une manière plus générale. La disposition des esprits en faveur des prêtres non assermentés nous a paru encore plus prononcée que dans le département de la Vendée; l'attachement qu'on a pour eux, la confiance qu'on leur a vouée, ont tous les caractères du sentiment le plus vif et le plus profond; dans quelques-unes de ces paroisses, des prêtres assermentés ou des citoyens attachés à ces prêtres avaient été exposés à des menaces et à des insultes, et quoique là comme ailleurs ces violences nous aient paru quelquefois exagérées, nous nous sommes assurés (et le simple exposé de la disposition des esprits suffit pour en convaincre) que la plupart des plaintes étaient fondées sur des droits bien constants.

« En même temps que nous recommandions aux juges et aux administrateurs la plus grande vigilance sur cet objet, nous ne négligions rien de ce qui pouvait inspirer au peuple des idées et des sentiments plus conformes au respect de la loi et au droit de la liberté individuelle.

« Nous devons vous dire, messieurs, que ces mêmes hommes, qu'on nous avait peints comme des furieux, sourds à toute espèce de raison, nous ont quittés l'ame remplie de paix et de bonheur, lorsque nous leur avons fait entendre qu'il était dans les principes de la constitution nouvelle de respecter la liberté des consciences; ils étaient pénétrés de repentir et d'affliction pour les fautes que quelques-uns d'entre eux avaient pu commettre ; ils nous ont promis, avec attendrissement, de suivre les conseils que nous leur donnions, de vivre en paix, malgré la différence de leurs opinions religieuses, et de respecter le fonctionnaire public établi par la loi. On les entendait, en s'en allant, se féliciter de nous avoir vus, se répéter les uns aux autres tout ce que nous leur avions dit, et se fortifier mutuellement dans leurs résolutions de paix et de bonne intelligence.

« Le même jour on vint nous annoncer que plusieurs de ces habitants de campagne, de retour chez eux, avaient affiché des placards, par lesquels ils déclaraient que chacun d'eux s'engageait à dénoncer et à faire arrêter la première personne qui nuirait à une autre, et surtout aux prêtres assermentés.

« Nous devons vous faire remarquer que dans ce même district, troublé depuis long-temps par la différence des opinions religieuses, les impositions arriérées de 1789 et de 1790, montant à 700,000 livres, ont été presque entièrement payées : nous en avons acquis la preuve au directoire du district.

« Après avoir observé avec soin l'état des esprits et la situation des choses, nous pensâmes que l'arrêté du directoire ne devait pas être mis à exécution, et les commissaires du département, ainsi que les administrateurs du directoire de Châtillon, furent du même avis.

« Mettant à l'écart tous les motifs de détermination que nous pouvions tirer et des choses et des personnes, nous avions examiné si la mesure adoptée par le directoire était d'abord juste dans sa nature, ensuite si elle serait efficace dans l'exécution.

« Nous crûmes que des prêtres qui ont été remplacés ne peuvent pas être considérés comme en état de révolte contre la loi, parce qu'ils continuent à demeurer dans un lieu de leurs anciennes fonctions, surtout lorsque parmi ces prêtres il en est qui, de notoriété publique, se bornent à vivre en hommes charitables et paisibles, loin de toute discussion publique et privée; nous crûmes qu'aux yeux de la loi on ne peut être en état de révolte qu'en s'y mettant soi-même par des faits précis, certains et constatés; nous crûmes enfin que les actes de provocation contre les lois relatives au clergé et contre toutes les lois du royaume, doivent, ainsi que tous les autres délits, être punis par les formes légales.

« Examinant ensuite l'efficacité de cette mesure, nous vîmes que si les fidèles n'ont pas de confiance dans les prêtres assermentés, ce n'est pas un moyen de leur en inspirer davantage que d'éloigner de cette manière les prêtres de leur choix; nous vîmes que dans les districts où la très-grande majorité des prêtres non assermentés continuent l'exercice de leurs fonctions, d'après la permission de la loi, jusqu'à l'époque du remplacement, ce ne serait pas certainement dans un tel système de répression, diminuer le mal que d'éloigner un si petit nombre d'individus, lorsqu'on est obligé d'en laisser dans les mêmes lieux un très-grand nombre dont les opinions sont les mêmes.

« Voilà, messieurs, quelques-unes des idées qui ont dirigé notre conduite dans cette circonstance, indépendamment de toutes les raisons de localité qui seules auraient pu nous obliger à suivre cette marche : telle était en effet la disposition des esprits, que l'exécution de cet arrêté fût infailliblement devenue dans ces lieux le signal d'une guerre civile.

« Le directoire du département des Deux-Sèvres, instruit d'abord par ses commissaires, ensuite par nous, de tout ce que nous avions fait à cet égard, a bien voulu nous offrir l'expression de sa reconnaissance, par un arrêté du 19 du mois dernier.

« Nous ajouterons, quant à cette mesure d'éloignement des prêtres non assermentés qui ont été remplacés, qu'elle nous a été constamment proposée par la presque unanimité des citoyens du département de la Vendée, qui sont attachés aux prêtres assermentés, citoyens qui forment eux-mêmes, comme vous l'avez déjà vu, la plus petite portion des habitants : en vous transmettant ce vœu, nous ne faisons que nous acquitter d'un dépôt qui nous a été confié.

« Nous ne vous laisserons pas ignorer non plus que quelques-uns des prêtres assermentés que nous avons vus, ont été d'un avis contraire ; l'un d'eux, dans une lettre qu'il nous a adressée le 12 septembre, en nous indiquant les mêmes causes des troubles, en nous parlant des désagréments auxquels il est chaque jour exposé, nous fait observer que le seul moyen de remédier à tous ces maux est (ce sont ses expressions) « de « ménager l'opinion du peuple, dont il faut guérir les « préjugés avec le remède de la lenteur et de la pru- « dence ; car, ajoute-t-il, il faut prévenir toute guerre « à l'occasion de la religion, dont les plaies saignent « encore.... Il est à craindre que les mesures rigoureu- « ses, nécessaires dans les circonstances contre les per-

« turbateurs du repos public, ne paraissent plutôt une
« persécution qu'un châtiment infligé par la loi... Quelle
« prudence ne faut-il pas employer! La douceur, l'ins-
« truction, sont les armes de la vérité! »

« Tel est, messieurs, le résultat général des détails que nous avons recueillis, et des observations que nous avons faites dans le cours de la mission qui nous a été confiée. La plus douce récompense de nos travaux serait de vous avoir facilité les moyens d'établir sur des bases solides la tranquillité de ces départements, et d'avoir répondu par l'activité de notre zèle à la confiance dont nous avons été honorés. »

NOTE 5, PAGE 4.

J'ai déjà eu l'occasion de revenir plusieurs fois sur les dispositions de Léopold, de Louis XVI, et des émigrés; je vais citer plusieurs extraits qui les feront connaître de la manière la plus certaine. Bouillé, qui était à l'étranger, et que sa réputation et ses talents avaient fait rechercher par les souverains, a pu mieux que personne connaître les sentiments des diverses cours, et il ne peut être suspect dans son témoignage. Voici la manière dont il s'exprime en divers endroits de ses Mémoires :

« On pourra juger, par cette lettre, que le roi de Suède était très-incertain sur les véritables projets de l'empereur et de ses co-alliés, qui devaient être alors de ne plus se mêler des affaires de France. Sans doute l'impératrice en était instruite, mais elle ne les lui avait pas communiqués. Je savais que dans ce moment elle employait toute son influence sur l'empereur et le roi de Prusse, pour les engager à déclarer la guerre à la France. Elle avait même écrit une lettre très-forte au premier de ces souverains, où elle lui représentait que le roi de Prusse, pour une simple impolitesse qu'on avait faite à sa sœur, avait fait entrer une armée en Hollande, tandis que lui-même souffrait les insultes et les affronts qu'on prodiguait à la reine de France, la dégradation de son rang et de sa dignité, et l'anéantissement du trône d'un roi son beau-frère et son allié. L'impératrice agissait avec la même force vis-à-vis de l'Espagne, qui avait adopté des principes pacifiques. Cependant l'empereur, après l'acceptation de la constitution par le roi, avait reçu de nouveau l'ambassadeur de France, auquel il avait défendu précédemment de paraître à sa cour. Il fut même le premier à admettre dans ses ports le pavillon national. Les cours de Madrid, de Pétersbourg et de Stockholm, furent les seules, à cette époque, qui retirèrent leurs ambassadeurs de Paris. Toutes ces circonstances servent donc à prouver que les vues de Léopold étaient dirigées vers la paix, et qu'elles étaient le fruit de l'influence de Louis XVI et de la reine. »

(*Mémoires de Bouillé*, page 314.)

Ailleurs Bouillé dit encore :

« Cependant il s'écoula plusieurs mois sans que j'aperçusse aucune suite aux projets que l'empereur avait eus d'assembler des armées sur la frontière, de former un congrès, et d'entamer une négociation avec le gouvernement français. Je présumai que le roi avait espéré que son acceptation de la nouvelle constitution lui rendrait sa liberté personnelle, et rétablirait le calme dans la nation, qu'une négociation armée aurait pu troubler, et qu'il avait conséquemment engagé l'empereur et les autres souverains ses alliés à ne faire aucune démarche qui pût produire des hostilités qu'il avait constamment cherché à éviter. Je fus confirmé dans cette opinion par la réticence de la cour d'Espagne, sur la proposition de fournir au roi de Suède les quinze millions de livres tournois qu'elle s'était engagée à lui donner pour aider aux frais de son expédition. Ce prince m'avait engagé à en écrire de sa part au ministre espagnol, dont je ne reçus que des réponses vagues. Je conseillai alors au roi de Suède d'ouvrir un emprunt en Hollande, ou dans les villes libres maritimes du Nord, sous la garantie de l'Espagne, dont cependant les dispositions me parurent changées à l'égard de la France.

« J'appris que l'anarchie augmentait chaque jour en France, ce qui n'était que trop prouvé par la foule d'émigrants de tous les états qui se réfugiaient sur les frontières étrangères. On les armait, on les enrégimentait sur les bords du Rhin, et l'on en formait une petite armée qui menaçait les provinces d'Alsace et de Lorraine. Ces mesures réveillaient la fureur du peuple, et servaient les projets destructeurs des jacobins et des anarchistes. Les émigrés avaient même voulu faire une tentative sur Strasbourg, où ils croyaient avoir des intelligences assurées et des partisans qui leur en auraient livré les portes. Le roi, qui en fut instruit, employa les ordres et même les prières pour les arrêter et pour les empêcher d'exercer aucun acte d'hostilité. Il envoya, à cet effet, aux princes ses frères, M. le baron de Vioménil et le chevalier de Cogny, qui leur témoignèrent, de sa part, la désapprobation sur l'armement de la noblesse française, auquel l'empereur mit tous les obstacles possibles, mais qui continua d'avoir lieu. »

(*Ibid.*, page 309.)

Enfin Bouillé raconte, d'après Léopold lui-même, son projet de congrès :

« Enfin, le 12 septembre, l'empereur Léopold me fit prévenir de passer chez lui, et de lui porter le plan des dispositions qu'il m'avait demandé précédemment. Il me fit entrer dans son cabinet, et me dit qu'il n'avait pas pu me parler plus tôt de l'objet pour lequel il m'avait fait venir, parce qu'il attendait des réponses de Russie, d'Espagne, d'Angleterre, et des principaux souverains de l'Italie, qu'il les avait reçues, qu'elles étaient conformes à ses intentions et à ses projets, qu'il était assuré de leur assistance dans l'exécution, et de leur réunion, à l'exception cependant du cabinet de Saint-James, qui avait déclaré vouloir garder la neutralité la plus scrupuleuse. Il avait pris la résolution d'assembler un congrès pour traiter avec le gouvernement français, non-seulement sur le redressement des griefs du corps germanique, dont les droits en Alsace et dans d'autres parties des provinces frontières avaient été violés, mais en même temps sur les moyens de rétablir l'ordre dans le royaume de France, dont l'anarchie troublait la tranquillité de l'Europe entière. Il m'ajouta que cette négociation serait appuyée par des armées formidables, dont la France serait environnée; qu'il esperait que ce moyen réussirait et préviendrait une guerre sanglante, dernière ressource qu'il voulait employer. Je pris la liberté de demander à l'empereur s'il était instruit des véritables intentions du roi. Il les connaissait; il savait que ce prince répugnait à l'emploi des moyens violents. Il me dit qu'il était d'ailleurs informé que la charte de la nouvelle constitution devait lui être présentée sous peu de jours, et qu'il jugeait que le roi ne pouvait se dispenser de l'accepter sans aucune restriction, par les risques qu'il courait pour ses jours et ceux de sa famille, s'il faisait la moindre difficulté, et s'il se permettait la plus légère observation; mais que sa sanction, forcée dans la circonstance, n'était d'aucune importance, étant possible de revenir sur tout ce qu'on aurait fait, et de donner à la France un bon gouvernement qui satisfît les peuples, et qui laissât à l'autorité royale une latitude de pouvoirs suffisants pour maintenir la tranquillité au dedans, et pour assurer la paix au dehors. Il me demanda le plan de disposition des armées, en m'assurant qu'il l'examinerait à loisir. Il m'ajouta que je pouvais m'en retourner à Mayence, où le comte de Brown, qui devait commander ses troupes, et qui était alors dans les Pays-Bas, me ferait avertir, ainsi que le prince de Hohenlohe, qui allait en Franconie, pour conférer ensemble, quand il en serait temps.

« Je jugeai que l'empereur ne s'était arrêté à ce plan pacifique et extrêmement raisonnable, depuis la conférence de Pilnitz, qu'après avoir consulté Louis XVI, dont le vœu avait été constamment pour un arrangement et pour employer la voie des négociations plutôt que le moyen violent des armes. »

(*Ibid.*, page 299.)

NOTE 6, PAGE 54.

Voici comment ce fait est rapporté par Bertrand de Molleville:

« Je rendis compte le même jour au conseil de la visite que le duc d'Orléans m'avait faite, et de notre conversation. Le roi se détermina à le recevoir, et eut avec lui le lendemain un entretien de plus d'une demi-heure, dont Sa Majesté nous parut avoir été très-contente. « Je crois, comme vous, me dit le roi, qu'il « revient de très-bonne foi, et qu'il fera tout ce qui dé- « pendra de lui pour réparer le mal qu'il a fait, et au- « quel il est possible qu'il n'ait pas eu autant de part « que nous l'avons cru. »

« Le dimanche suivant il vint au lever du roi, où il reçut l'accueil le plus humiliant des courtisans, qui ignoraient ce qui s'était passé, et des royalistes, qui avaient l'habitude de se rendre en foule au château ce jour-là, pour faire leur cour à la famille royale. On se pressa autour de lui, on affecta de lui marcher sur les pieds et de le pousser vers la porte, de manière à l'empêcher de rentrer. Il descendit chez la reine, où le couvert était déjà mis; aussitôt qu'il y parut, on s'écria de toutes parts : *Messieurs, prenez garde aux plats!* comme si on eût été assuré qu'il avait les poches pleines de poison.

« Les murmures insultants qu'excitait partout sa présence le forcèrent à se retirer sans avoir vu la famille royale. On le pourchassa jusqu'à l'escalier de la reine; et en descendant, il reçut un crachat sur la tête et quelques autres sur son habit. On voyait la rage et le dépit peints sur sa figure; il sortit du château, convaincu que les instigateurs des outrages qu'il avait reçus étaient le roi et la reine, qui ne s'en doutaient pas, et qui en furent même très-fâchés. Il leur jura une haine implacable, et il ne s'est montré que trop fidèle à cet horrible serment. J'étais au château ce jour-là, et je fus témoin de tous les faits que je viens de rapporter. »

(*Bertrand de Molleville, tome VI*, page 209.)

NOTE 7, PAGE 74.

Madame Campan rapporte autrement l'entretien de Dumouriez :

« Tous les partis s'agitaient, dit-elle, soit pour perdre le roi, soit pour le sauver. Un jour je trouvai la reine extrêmement troublée; elle me dit qu'elle ne savait plus où elle en était; que les chefs des jacobins se faisaient offrir à elle par l'organe de Dumouriez, et que Dumouriez, abandonnant le parti des jacobins, était venu s'offrir à elle; qu'elle lui avait donné une audience; que seul avec elle, il s'était jeté à ses pieds, et lui avait dit qu'il avait enfoncé le bonnet rouge jusque sur ses oreilles, mais qu'il n'était ni ne pouvait être jacobin; qu'on avait laissé rouler la révolution jusqu'à cette canaille de désorganisateurs qui, n'aspirant qu'après le pillage, étaient capables de tout, et pourraient donner à l'assemblée une armée formidable, prête à saper les restes d'un trône déjà trop ébranlé. En parlant avec une chaleur extrême, il s'était jeté sur la main de la reine, et la baisait avec transport, lui criant : *Laissez-vous sauver.* La reine me dit que l'on ne pouvait croire aux protestations d'un traître; que toute sa conduite était si bien connue, que le plus sage était sans contredit de ne point s'y fier; que d'ailleurs les princes recommandaient essentiellement de n'avoir confiance à aucune proposition de l'intérieur..... etc. »

(*Tome II*, page 202.)

Le récit de cet entretien est ici, comme on le voit différent à quelques égards, cependant le fond est le même. Seulement, en passant à travers la bouche de la reine et celle de madame Campan, il a dû prendre une couleur peu favorable à Dumouriez. Celui de Dumouriez peint d'une manière plus vraisemblable les agitations de l'infortunée Marie-Antoinette; et comme il n'a rien d'offensant pour cette princesse, ni rien qui ne s'accorde avec son caractère, je l'ai préféré. Il est possible néanmoins que la présomption de Dumourier l'ait porté à recueillir de préférence les détails les plus flatteurs pour lui.

NOTE 8, PAGE 76.

Bouillé, dont j'ai cité les mémoires, et qui était placé de manière à bien juger les intentions réelles des puissances, ne croyait pas du tout au zèle et à la sincérité de Catherine. Voici la manière dont il s'exprime à cet égard :

« On voit que ce prince (Gustave) comptait beaucoup sur les dispositions de l'impératrice de Russie, et sur la part active qu'elle prendrait dans la confédération, et qui s'est bornée à des démonstrations. Le roi de Suède était dans l'erreur, et je doute que Catherine lui eût jamais confié les dix-huit mille Russes qu'elle lui avait promis. Je suis persuadé, d'ailleurs, que l'empereur et le roi de Prusse ne lui avaient communiqué ni leurs vues, ni leurs projets. Ils avaient l'un et l'autre personnellement, plus que de l'éloignement pour lui, et ils désiraient qu'il ne prît aucune part active dans les affaires de France. »

(*Bouillé*, page 319.)

NOTE 9 PAGE 78.

Madame Campan nous apprend, dans un même passage, la construction de l'armoire de fer, et l'existence d'une protestation secrète faite par le roi contre la déclaration de guerre. Cette appréhension du roi pour la guerre était extraordinaire, et il cherchait de toutes les manières à la rejeter sur le parti populaire.

« Le roi avait une quantité prodigieuse de papiers, et avait eu malheureusement l'idée de faire construire très-secrètement, par un serrurier qui travaillait près de lui depuis plus de dix ans, une cachette dans un corridor intérieur de son appartement. Cette cachette, sans la dénonciation de cet homme, eût été long-temps ignorée. Le mur, dans l'endroit où elle était placée, était peint en larges pierres, et l'ouverture se trouvait parfaitement dissimulée dans les rainures brunes qui formaient la partie ombrée de ces pierres peintes. Mais avant que ce serrurier eût dénoncé à l'assemblée ce que l'on a depuis appelé l'*armoire de fer*, la reine avait su qu'il en avait parlé à quelques gens de ses amis ;

et que cet homme, auquel le roi, par habitude, accordait une trop grande confiance, était un jacobin. Elle en avertit le roi, et le décida à remplir un très-grand portefeuille de tous les papiers qu'il avait le plus d'intérêt à conserver, et à me le confier. Elle l'invita en ma présence à ne rien laisser dans cette armoire; et le roi, pour la tranquilliser, lui répondit qu'il n'y avait rien laissé. Je voulus prendre le portefeuille et l'emporter dans mon appartement; il était trop lourd pour que je pusse le soulever. Le roi me dit qu'il allait le porter lui-même; je le précédai pour lui ouvrir les portes. Quand il eut déposé ce portefeuille dans mon cabinet intérieur, il me dit seulement : « La reine vous dira ce que cela contient. » Rentrée chez la reine, je le lui demandai, jugeant par les paroles du roi qu'il était nécessaire que j'en fusse instruite. « Ce sont, me répon-
« dit la reine, des pièces qui seraient des plus funestes
« pour le roi, si on allait jusqu'à lui faire son procès.
« Mais ce qu'il veut sûrement que je vous dise, c'est
« qu'il y a dans ce portefeuille le procès-verbal d'un
« conseil-d'état dans lequel le roi a donné son avis
« contre la guerre. Il l'a fait signer par tous les minis-
« tres, et, dans le cas même de ce procès, il compte
« que cette pièce serait très-utile. » Je demandai à qui la reine croyait que je devais confier ce portefeuille. « A
« qui vous voudrez, me répondit-elle; vous en êtes
« *seule responsable* : ne vous éloignez pas du palais,
« même dans vos mois de repos; il y a des circons-
« tances où il nous serait très-utile de le trouver à
« l'instant même. »

(*Madame Campan*, tome II, pag. 222.)

NOTE 10, PAGE 82

Exposition des motifs qui ont déterminé l'assemblée nationale à déclarer, sur la proposition formelle du roi, qu'il y a lieu de déclarer la guerre au roi de Bohême et de Hongrie, par M. Condorcet. (Séance du 20 avril 1792.)

« Forcée de consentir à la guerre par la plus impérieuse nécessité, l'assemblée nationale n'ignore pas qu'on l'accusera de l'avoir volontairement accélérée ou provoquée.

« Elle sait que la marche insidieuse de la cour de Vienne n'a eu d'autre objet que de donner une ombre de vraisemblance à cette imputation, dont les puissances étrangères ont besoin pour cacher à leurs peuples les motifs réels de l'attaque injuste préparée contre la France; elle sait que ce reproche sera répété par les ennemis intérieurs de notre constitution et de nos lois, dans l'espérance criminelle de ravir la bienveillance publique aux représentants de la nation.

« Une exposition simple de leur conduite est leur unique réponse, et ils l'adressent avec une confiance égale aux étrangers et aux Français, puisque la nature a mis au fond du cœur de tous les hommes les sentiments de la même justice.

« Chaque nation a seule le pouvoir de se donner des lois, et le droit inaliénable de les changer. Ce droit n'appartient à aucune, ou leur appartient à toutes avec une entière égalité : l'attaquer dans une seule, c'est déclarer qu'on ne le reconnaît dans aucune autre; vouloir le ravir par la force à un peuple étranger, c'est annoncer qu'on ne le respecte pas dans celui dont on est le citoyen ou le chef; c'est trahir sa patrie; c'est se proclamer l'ennemi du genre humain ! La nation française devait croire que des vérités si simples seraient senties par tous les princes, et que, dans le dix-huitième siècle, personne n'oserait leur opposer les vieilles maximes de la tyrannie : son espérance a été trompée; une ligue a été formée contre son indépendance, et elle n'a eu que le choix d'éclairer ses ennemis sur la justice de sa cause, ou de leur opposer la force des armes.

« Instruite de cette ligue menaçante, mais jalouse de conserver la paix, l'assemblée nationale a d'abord demandé quel était l'objet de ce concert entre des puissances si long-temps rivales, et on lui a répondu qu'il avait pour motif le maintien de la tranquillité générale, la sûreté et l'honneur des couronnes, la crainte de voir se renouveler les événements qu'ont présentés quelques époques de la révolution française.

« Mais comment la France menacerait-elle la tranquillité générale, puisqu'elle a pris la résolution solennelle de n'entreprendre aucune conquête, de n'attaquer la liberté d'aucun peuple; puisqu'au milieu de cette lutte longue et sanglante qui s'est élevée dans les Pays-Bas et dans les états de Liége, entre les gouvernements et les citoyens, elle a gardé la neutralité la plus rigoureuse?

« Sans doute la nation française a prononcé hautement que la souveraineté n'appartient qu'au peuple, qui, borné dans l'exercice de sa volonté suprême par les droits de la postérité, ne peut déléguer de pouvoir irrévocable; sans doute elle a hautement reconnu qu'aucun usage, aucune loi expresse, aucun consentement, aucune convention, ne peuvent soumettre une société d'hommes à une autorité qu'ils n'auraient pas le droit de reprendre : mais quelle idée les princes se feraient-ils donc de la légitimité de leur pouvoir, ou de la justice avec laquelle ils l'exercent, s'ils regardaient l'énonciation de ces maximes comme une entreprise contre la tranquillité de leurs états?

« Diront-ils que cette tranquillité pourrait être troublée par les ouvrages, par les discours de quelques Français? ce serait encore exiger à main armée une loi contre la liberté de la presse, ce serait déclarer la guerre aux progrès de la raison; et quand on sait que partout la nation française a été impunément outragée; que les presses des pays voisins n'ont cessé d'inonder nos départements d'ouvrages destinés à solliciter la trahison, à conseiller la révolte; quand on se rappelle les marques de protection ou d'intérêt prodiguées à leurs auteurs, croira-t-on qu'un amour sincère de la paix, et non la haine de la liberté, ait dicté ces hypocrites reproches?

« On a parlé de tentatives faites par les Français pour exciter les peuples voisins à briser leurs fers, à réclamer leurs droits..... Mais les ministres qui ont répété ces imputations, sans oser citer un seul fait qui les appuyât, savaient combien elles étaient chimériques; et, ces tentatives eussent-elles été réelles, les puissances qui ont souffert les rassemblements de nos émigrés, qui leur ont donné des secours, qui ont reçu leurs ambassadeurs, qui les ont publiquement admis dans leurs conférences, qui ne rougissent point d'appeler les Français à la guerre civile, n'auraient pas conservé le droit de se plaindre; ou bien il faudrait dire qu'il est permis d'étendre la servitude, et criminel de propager la liberté, que tout est légitime contre les peuples, que les rois seuls ont de véritables droits. Jamais l'orgueil du trône n'aurait insulté avec plus d'audace à la majesté des nations!

« Le peuple français, libre de fixer la forme de sa constitution, n'a pu blesser, en usant de ce pouvoir, ni la sûreté ni l'honneur des couronnes étrangères. Les chefs des autres pays mettraient-ils donc au nombre de leurs prérogatives le droit d'obliger la nation française à donner au chef de son gouvernement un pouvoir égal à celui qu'eux-mêmes exercent dans leurs états? Voudraient-ils, parce qu'ils ont des sujets, empêcher qu'il existât ailleurs des hommes libres? Et comment n'apercevraient-ils pas qu'en permettant tout pour ce qu'ils appellent la sûreté des couronnes, ils déclarent légitime tout ce qu'une nation pourrait entreprendre en faveur de la liberté des peuples?

« Si des violences, si des crimes ont accompagné quelques époques de la révolution française, c'était aux seuls dépositaires de la volonté nationale qu'appartenait le pouvoir de les punir ou de les ensevelir dans l'oubli : tout citoyen, tout magistrat, quel que soit son titre, ne doit demander justice qu'aux lois de son pays, ne peut l'attendre que d'elles. Les puissances étrangères, tant que leurs sujets n'ont pas souffert de ces événements, ne peuvent avoir un juste motif ni de s'en plaindre, ni de prendre des mesures hostiles pour en empêcher le retour. La parenté, l'alliance personnelle entre les rois, ne sont rien pour les nations; esclaves ou libres, des intérêts communs les unissent : la nature a placé leur bonheur dans la paix, dans les secours mutuels d'une douce fraternité; elle s'indignerait qu'on osât mettre dans une même balance le sort de vingt millions d'hommes, et les affections ou l'orgueil de quelques individus. Sommes-nous donc condamnés à voir encore la servitude volontaire des peuples entourer de victimes humaines les autels des faux dieux de la terre?

« Ainsi ces prétendus motifs d'une ligue contre la France, n'étaient tous qu'un nouvel outrage à son indépendance. Elle avait droit d'exiger une renonciation à des préparatifs injurieux, et d'en regarder le refus comme une hostilité : tels ont été les principes qui ont dirigé les démarches de l'assemblée nationale. Elle a continué de vouloir la paix, mais elle devait préférer la guerre à une patience dangereuse pour la liberté; elle ne pouvait se dissimuler que des changements dans la constitution, que des violations de l'égalité, qui en est la base, étaient l'unique but des ennemis de la France;

qu'ils voulaient la punir d'avoir reconnu dans toute leur étendue les droits communs à tous les hommes; et c'est alors qu'elle a fait ce serment, répété par tous les Français, de périr plutôt que de souffrir la moindre atteinte ni à la liberté des citoyens, ni à la souveraineté du peuple, ni surtout à cette égalité sans laquelle il n'existe pour les sociétés ni justice ni bonheur.

« Reprocherait-on aux Français de n'avoir pas assez respecté les droits des autres peuples, en n'offrant que des indemnités pécuniaires, soit aux princes allemands possessionnés en Alsace, soit au pape?

« Les traités avaient reconnu la souveraineté de la France sur l'Alsace, et elle y était paisiblement exercée depuis plus d'un siècle. Les droits que ces traités avaient réservés n'étaient que des priviléges; le sens de cette réserve était donc que les possesseurs des fiefs d'Alsace les conserveraient avec les anciennes prérogatives, tant que les lois générales de la France souffriraient les différentes formes de la féodalité; cette réserve signifiait encore que si les prérogatives féodales étaient enveloppées dans une ruine commune, la nation devrait un dédommagement aux possesseurs, pour les avantages réels qui en étaient la suite; car c'est là tout ce que peut exiger le droit de propriété, quand il se trouve en opposition avec la loi, en contradiction avec l'intérêt public. Les citoyens de l'Alsace sont Français, et la nation ne peut sans honte et sans injustice souffrir qu'ils soient privés de la moindre partie des droits communs à tous ceux que ce nom doit également protéger. Dira-t-on qu'on peut, pour dédommager ces princes, leur abandonner une portion du territoire? Non; une nation généreuse et libre ne vend point des hommes ; elle ne condamne point à l'esclavage, elle ne livre point à des maîtres ceux qu'elle a une fois admis au partage de sa liberté.

« Les citoyens du Comtat étaient les maîtres de se donner une constitution ; ils pouvaient se déclarer indépendants : ils ont préféré être Français, et la France ne les abandonnera point après les avoir adoptés. Eût-elle refusé d'accéder à leur désir, leur pays est enclavé dans son territoire, et elle n'aurait pu permettre à leurs oppresseurs de traverser la terre de la liberté pour aller punir des hommes d'avoir osé se rendre indépendants et reprendre leurs droits. Ce que le pape possédait dans ce pays était le salaire des fonctions du gouvernement : le peuple, en lui ôtant ses fonctions, a fait usage d'un pouvoir qu'une longue servitude avait suspendu, mais n'avait pu lui ravir ; et l'indemnité proposée par la France n'était pas même exigée par la justice.

« Ainsi, ce sont encore des violations du droit naturel qu'on ose demander au nom du pape et des possessionnés d'Alsace! C'est encore pour les prétentions de quelques hommes qu'on veut faire couler le sang des nations! Et si les ministres de la maison d'Autriche avaient voulu déclarer la guerre à la raison au nom des préjugés, aux peuples au nom des rois, ils n'auraient pu tenir un autre langage!

« On a fait entendre que le vœu du peuple français, pour le maintien de son égalité et de son indépendance, était celui d'une faction.... Mais la nation française a une constitution ; cette constitution a été reconnue, adoptée par la généralité des citoyens ; elle ne peut être changée que par le vœu du peuple, et suivant des formes qu'elle-même a prescrites : tant qu'elle subsiste, les pouvoirs établis par elle ont seuls le droit de manifester la volonté nationale, et c'est par eux que cette volonté a été déclarée aux puissances étrangères. C'est le roi qui, sur l'invitation de l'assemblée nationale, et en remplissant les fonctions que la constitution lui attribue, s'est plaint de la protection accordée aux émigrés, a demandé inutilement qu'elle leur fût retirée; c'est lui qui a sollicité des explications sur la ligue formée contre la France; c'est lui qui a exigé que cette ligue fût dissoute; et l'on doit s'étonner sans doute d'entendre annoncer comme le cri de quelques factieux le vœu solennel du peuple, publiquement exprimé par ses représentants légitimes. Quel titre aussi respectable pourraient donc invoquer ces rois qui forcent des nations égarées à combattre contre les intérêts de leur propre liberté, et à s'armer contre des droits qui sont aussi les leurs, à étouffer sous les débris de la constitution française les germes de leur propre félicité, et les communes espérances du genre humain!

« Et d'ailleurs qu'est-ce qu'une faction qu'on accuserait d'avoir conspiré la liberté universelle du genre humain? C'est donc l'humanité tout entière que des ministres esclaves osent flétrir de ce nom odieux!

« Mais, disent-ils, le roi des Français n'est pas libre... Eh! n'est-ce donc pas être libre que de dépendre des lois de son pays? la liberté de les contrarier, de s'y soustraire, d'y opposer une force étrangère, ne serait pas un droit, mais un crime!

« Ainsi, en rejetant toutes ces propositions insidieuses, en méprisant ces indécentes déclamations, l'assemblée nationale s'était montrée, dans toutes les relations extérieures, aussi amie de la paix que jalouse de la liberté du peuple; ainsi, la continuation d'une tolérance hostile pour les émigrés, la violation ouverte des promesses d'en disperser les rassemblements, le refus de renoncer à une ligue évidemment offensive, les motifs injurieux de ces refus, qui annonçaient le désir de détruire la constitution française, suffisaient pour autoriser des hostilités qui n'auraient jamais été que des actes d'une défense légitime; car ce n'est pas attaquer que de ne pas donner à notre ennemi le temps d'épuiser nos ressources en longs préparatifs, de tendre tous ses piéges, de rassembler toutes ses forces, de resserrer ses premières alliances, d'en chercher de nouvelles, de pratiquer encore des intelligences au milieu de nous, de multiplier dans nos provinces les conjurations et les complots. Mérite-t-on le nom d'agresseur lorsque, menacé, provoqué par un ennemi injuste et perfide, on lui enlève l'avantage de porter les premiers coups? — Ainsi, loin d'appeler la guerre, l'assemblée nationale a tout fait pour la prévenir. En demandant des explications nouvelles sur des intentions qui ne pouvaient être douteuses, elle a montré qu'elle renonçait avec douleur à l'espoir d'un retour vers la justice, et que si l'orgueil des rois est prodigue du sang de leurs sujets, l'humanité des représentants d'une nation libre est avare même du sang de ses ennemis. Insensible à toutes les provocations, à toutes les injures, au mépris des anciens engagements, aux violations des nouvelles promesses, à la dissimulation honteuse des trames ourdies contre la France, à cette condescendance perfide sous laquelle on cachait les secours, les encouragements prodigués aux Français qui ont trahi leur patrie, elle aurait encore accepté la paix, si celle qu'on lui offrait avait été compatible avec le maintien de la constitution, avec l'indépendance de la souveraineté nationale, avec la sûreté de l'état.

« Mais le voile qui cachait les intentions de notre ennemi est enfin déchiré! Citoyens! qui de vous en effet pourrait souscrire à ces honteuses propositions? La servitude féodale et une humiliante inégalité, la banqueroute et des impôts que vous paieriez seuls, les dîmes et l'inquisition, vos propriétés achetées sur la foi publique rendues à leurs anciens usurpateurs, les bêtes fauves rétablies dans le droit de ravager vos campagnes, votre sang prodigué pour les projets ambitieux d'une maison ennemie, telles sont les conditions du traité entre le roi de Hongrie et des Français perfides!

« Telle est la paix qui vous est offerte! Non, vous ne l'accepterez jamais! Les lâches sont à Coblentz, et la France ne renferme plus dans son sein que des hommes dignes de la liberté!

« Il annonce en son nom, au nom de ses alliés, le projet d'exiger de la nation française un abandon de ses droits; il fait entendre qu'il lui commandera des sacrifices que la crainte seule de sa destruction pourrait lui arracher..... Eh bien! elle ne s'y soumettra jamais! Cet insultant orgueil, loin de l'intimider, ne peut qu'exciter son courage. Il faut du temps pour discipliner les esclaves du despotisme; mais tout homme est soldat quand il combat la tyrannie; l'or sortira de ses obscures retraites au nom de la patrie en danger; ces hommes ambitieux et vils, ces esclaves de la corruption et de l'intrigue, ces lâches calomniateurs du peuple, dont nos ennemis osaient se promettre de honteux secours, perdront l'appui des citoyens aveuglés ou pusillanimes qu'ils avaient trompés par leurs hypocrites déclamations; et l'empire français, dans sa vaste étendue, n'offrira plus à nos ennemis qu'une volonté unique, celle de vaincre ou de périr tout entier avec la constitution et les lois! »

NOTE 11, PAGE 95.

Madame Campan explique comme il suit le secret des papiers brûlés à Sèvres :

« Au commencement de 1792, un prêtre fort estimable me fit demander un entretien particulier. Il avait connaissance du manuscrit d'un nouveau libelle de madame Lamotte. Il me dit qu'il n'avait remarqué, dans les gens qui venaient de Londres pour le faire imprimer à Paris, que le seul appât du gain, et qu'ils étaient prêts à lui livrer ce manuscrit pour mille louis, s'il pouvait trouver quelque amie de la reine disposée à faire ce sacrifice à sa tranquillité ; qu'il avait pensé à moi, et que si Sa Majesté voulait lui donner les vingt-quatre mille francs, il me remettrait le manuscrit en les touchant.

« Je communiquai cette proposition à la reine, qui la refusa, et m'ordonna de répondre que, dans les temps où il eût été possible de punir les colporteurs de ces libelles, elle les avait jugés si atroces et si invraisemblables, qu'elle avait dédaigné les moyens d'en arrêter le cours; que, si elle avait l'imprudence et la faiblesse d'en acheter un seul, l'actif espionnage des jacobins pourrait le découvrir; que ce libelle acheté n'en serait pas moins imprimé, et deviendrait bien plus dangereux quand ils apprendraient au public le moyen qu'elle avait employé pour lui en ôter la connaissance.

« Le baron d'Aubier, gentilhomme ordinaire du roi et mon ami particulier, avait une mémoire facile et une manière précise et nette de me transmettre le sens des délibérations, des débats, des décrets de l'assemblée nationale. J'entrais chaque jour chez la reine, pour en rendre compte au roi, qui disait en me voyant : « Ah! « voilà le postillon par Calais. »

« Un jour M. d'Aubier vint me dire : « L'assemblée a « été très-occupée d'une dénonciation faite par les ou-« vriers de la manufacture de Sèvres. Ils ont apporté « sur le bureau du président une liasse de brochures « qu'ils ont dit être la vie de Marie-Antoinette. Le di-« recteur de la manufacture a été mandé à la barre, et « il a déclaré avoir reçu l'ordre de brûler ces im-« primés dans les fours qui servent à la cuisson des « pâtes de ses porcelaines. »

« Pendant que je rendais ce compte à la reine, le roi rougit et baissa la tête sur son assiette. La reine lui dit : « Monsieur, avez-vous connaissance de cela? » Le roi ne répondit rien. Madame Élisabeth lui demanda de lui expliquer ce que cela signifiait; même silence. Je me retirai promptement. Peu d'instants après, la reine vint chez moi et m'apprit que c'était le roi qui, par intérêt pour elle, avait fait acheter la totalité de l'édition imprimée d'après le manuscrit que je lui avais proposé, et que M. de Laporte n'avait pas trouvé de manière plus mystérieuse d'anéantir la totalité de l'ouvrage, qu'en le faisant brûler à Sèvres parmi deux cents ouvriers, dont cent quatre-vingts devaient être jacobins. Elle me dit qu'elle avait caché sa douleur au roi; qu'il était consterné, et qu'elle n'avait rien à dire quand sa tendresse et sa bonne volonté pour elle étaient cause de cet accident. »

(*Madame Campan*, tome II, page 196.)

NOTE 12, PAGE 117.

La mission donnée par le roi à Mallet-du-Pan est un des faits les plus importants à constater, et il ne peut être révoqué en doute, d'après les mémoires de Bertrand de Molleville. Ministre à cette époque, Bertrand de Molleville devait être parfaitement instruit; et, ministre contre-révolutionnaire, il aurait plutôt caché qu'avoué un fait pareil. Cette mission prouve la modération de Louis XVI, mais aussi ses communications avec l'étranger.

« Loin de partager cette sécurité patriotique, le roi voyait avec la plus profonde douleur, la France engagée dans une guerre injuste et sanglante, que la désorganisation de ses armées semblait mettre dans l'impossibilité de soutenir, et qui exposait plus que jamais nos provinces frontières à être envahies. Sa Majesté redoutait par-dessus tout la guerre civile, et ne doutait pas qu'elle n'éclatât à la nouvelle du premier avantage remporté sur les troupes françaises par les corps d'émigrés qui faisaient partie de l'armée autrichienne. Il

n'était que trop à craindre, en effet, que les jacobins et le peuple en fureur n'exerçassent les plus sanglantes représailles contre les prêtres et les nobles restés en France. Ces inquiétudes, que le roi me témoigna dans la correspondance journalière que j'avais avec Sa Majesté, me déterminèrent à lui proposer de charger une personne de confiance de se rendre auprès de l'empereur et du roi de Prusse, pour tâcher d'en obtenir que leurs majestés n'agissent offensivement qu'à la dernière extrémité, et qu'elles fissent précéder l'entrée de leurs armées dans le royaume d'un manifeste bien rédigé, dans lequel il serait déclaré, « que l'empereur
« et le roi de Prusse, forcés de prendre les armes par
« l'agression injuste qui leur avait été faite, n'attri-
« buaient ni au roi ni à la nation, mais à la faction
« criminelle qui les opprimait l'un et l'autre, la décla-
« ration de guerre qui leur avait été notifiée; qu'en
« conséquence, loin de se départir des sentiments d'a-
« mitié qui les unissaient au roi et à la France, leurs
« majestés ne combattraient que pour les délivrer du
« joug de la tyrannie la plus atroce qui eût jamais existé,
« et pour les aider à rétablir l'autorité légitime violem-
« ment usurpée, l'ordre et la tranquillité, le tout sans
« entendre s'immiscer en aucune manière dans la
« forme du gouvernement, mais pour assurer à la na-
« tion la liberté de choisir celui qui lui conviendrait le
« mieux; que toute idée de conquête était bien loin
« de la pensée de leurs majestés; que les propriétés
« particulières ne seraient pas moins respectées que
« les propriétés nationales; que leurs majestés pre-
« naient sous leur sauvegarde spéciale tous les citoyens